财务报告
内部控制失效案例研究

A CASE STUDY ON THE INEFFECTIVENESS OF
INTERNAL CONTROL OVER FINANCIAL REPORTING

邓德强 ◎ 著

图书在版编目（CIP）数据

财务报告内部控制失效案例研究／邓德强著． —北京：经济管理出版社，2021.12
ISBN 978-7-5096-8261-6

Ⅰ．①财… Ⅱ．①邓… Ⅲ．①上市公司—会计报表—会计检查—案例—中国 Ⅳ．①F279.246

中国版本图书馆 CIP 数据核字（2021）第 232786 号

责任编辑：梁植睿
责任印制：黄章平
责任校对：董杉珊

出版发行：经济管理出版社
（北京市海淀区北蜂窝 8 号中雅大厦 A 座 11 层　100038）
网　　址：www.E-mp.com.cn
电　　话：（010）51915602
印　　刷：唐山玺诚印务有限公司
经　　销：新华书店
开　　本：710mm×1000mm /16
印　　张：13.25
字　　数：211 千字
版　　次：2021 年 12 月第 1 版　2021 年 12 月第 1 次印刷
书　　号：ISBN 978-7-5096-8261-6
定　　价：68.00 元

·版权所有　翻印必究·

凡购本社图书，如有印装错误，由本社发行部负责调换。
联系地址：北京市海淀区北蜂窝 8 号中雅大厦 11 层
电话：（010）68022974　　邮编：100038

前　言

上市公司内部控制在控制和防范上市公司经营风险、财务风险等各种企业风险过程中起着重要的作用，是上市公司经营活动有序开展、财务等相关信息真实可靠、资产合理安全配置、各项法律和政策有效遵循以及实现可持续发展的重要保障。可以说，上市公司内部控制是否有效是上市公司生产经营成败、战略目标能否实现的关键因素。

然而，近年来，上市公司财务报告信息披露等相关问题屡见不鲜。在外部审计师的专业判断下，这些公司的财务报告内部控制无法合理保证其财务报告及其相关信息的可靠性；在中国证券监督委员会的审查下，这些公司所受到的严格行政处罚构成了该公司财务报告内部控制无效的有力证据。总之，这些上市公司失效的财务报告内部控制终将不能合理保证其财务报告及其他相关信息的真实可靠，不利于公司生产经营和战略目标的实现。我们认为，任何一个上市公司的财务报告内部控制有效的原因是各有其特殊性，而失效的财务报告内部控制则具有一定的共通性。因此，本书将着眼于财务报告内部控制失效这一主题，主要就如下四个问题进行探索：①财务报告内部控制失效的概念如何界定？②中国上市公司财务报告内部控制失效的典型案例如何选择？③中国上市公司财务报告内部控制失效的主要典型特征有哪些？④如何对中国上市公司财务报告内部控制失效构建评价指标体系？

为解答上述问题，本书从四个方面展开相应的研究。首先，通过回顾我国财务报告内部控制规范的发展阶段，以及上市公司财务报告内部控制规范的演化与具体要求，清晰梳理我国上市公司财务报告内部控制相关制度背景。其次，探讨在我国相关制度背景下，我国上市公司财务报告内部控制失效的内涵，探讨和找寻具有客观性、可行性的内部控制失效的衡量标准，并在此基础上对我国上市公司财务报告内部控制失效现状进行总体描述与分析。再次，分别针对沪市主板、深市主板、中小板（2021年4月6日中小板已与深市主板合并）、创业板中的9家财务报告内部控制失效的典型案例展开细致的分析。该部分重点从典型案例公司的财务报告内部控制自我评价、审计以及中国证监会对其财务报告信息披露等问题的行政处罚决定等多方面，呈现该案例公司财务报告内部控制失效的事实，并在上述信息的基础上，对案例公司财务报告内部控制失效的特征展开分析与讨论。最后，本书基于以上所讨论的我国上市公司财务报告内部控制失效特征，构建了一套财务报告内部控制失效评价指标体系，以促进和完善相关内部控制制度有效性评价与建设。

本书的研究得益于我们研究团队成员的鼎力支持和协助，包括陈前慧、杜梦媛、胡佳希、李艳歌、栾翔宇、邵睿、孙慧、韦海钦、叶琅琅、张清越、张丝竹、朱艺、张嘉扬等同学。他们在文献收集、案例整理、文案校对等方面做出了诸多努力。同时，本书还从学界同仁的研究成果中获取了宝贵的有益启发和研究资料，在此谨致以由衷的感谢！

本书可作为公司财务、内部控制相关专业的高年级本科生和研究生的学习资料，也适合内部控制实务工作人员参考阅读。由于水平所限，书中谬误、疏漏在所难免，恳请广大读者批评指正！

邓德强

2021年4月20日

目 录

第一部分
我国上市公司财务报告内部控制失效概论

第一章　绪论·· 003

　第一节　研究背景·· 003

　第二节　研究问题与研究意义·· 005

　　一、研究问题·· 005

　　二、研究意义·· 006

　第三节　研究思路与主要内容·· 007

　　一、研究思路·· 007

　　二、主要内容·· 007

第二章　我国上市公司财务报告内部控制相关制度背景··················· 009

　第一节　2000年之前我国上市公司财务报告内部控制制度·········· 009

　　一、1990~1994年我国上市公司财务报告内部控制的
　　　　制度编年·· 010

　　二、1995~1999年我国上市公司财务报告内部控制的
　　　　制度编年·· 011

　　三、1990~1999年我国上市公司财务报告内部控制
　　　　制度小结·· 012

　第二节　2000~2010年我国上市公司财务报告内部控制制度······ 014

　　一、2000~2004年我国上市公司财务报告内部控制的
　　　　制度编年·· 014

二、2005~2010 年我国上市公司财务报告内部控制的
　　制度编年·· 016
三、2000~2010 年我国上市公司财务报告内部控制制度
　　小结··· 020

第三节　2011~2020 年我国上市公司财务报告内部控制制度 ······ 021
一、2011~2015 年我国上市公司财务报告内部控制的
　　制度编年·· 021
二、2016~2020 年我国上市公司财务报告内部控制的
　　制度编年·· 024
三、2011~2020 年我国上市公司财务报告内部控制制度
　　小结··· 026

第二部分
我国上市公司财务内部控制失效的概念与现状

第三章　我国上市公司财务报告内部控制失效概念界定与案例通览 ······ 029

第一节　我国上市公司财务报告内部控制失效的概念界定与
　　　　度量标准·· 029
一、财务报告内部控制失效的相关概念概述························· 029
二、我国上市公司财务报告内部控制失效的度量标准选择····· 034

第二节　我国上市公司财务报告内部控制失效案例总体分析········ 037
一、我国上市公司财务报告内部控制失效案例的描述性
　　分析··· 037
二、我国上市公司财务报告内部控制失效案例的内部控制
　　重大缺陷分析·· 045
三、我国上市公司财务报告内部控制失效案例被行政处罚
　　情况··· 048

目 录

第三部分 我国上市公司财务报告内部控制失效的典型案例

第四章 我国上市公司财务报告内部控制失效典型案例分析：沪市主板篇 055

第一节 华锐风电财务报告内部控制失效案例分析 055
一、华锐风电公司面面观 055
二、华锐风电财务报告内部控制失效的证据陈述 059
三、华锐风电财务报告内部控制失效的特征分析 062

第二节 康美药业财务报告内部控制失效案例分析 065
一、康美药业公司面面观 065
二、康美药业财务报告内部控制失效的证据陈述 069
三、康美药业财务报告内部控制失效的特征分析 073

第三节 天业股份财务报告内部控制失效案例分析 078
一、天业股份公司面面观 078
二、天业股份财务报告内部控制失效的证据陈述 081
三、天业股份财务报告内部控制失效的特征分析 087

第五章 我国上市公司财务报告内部控制失效典型案例分析：深市主板篇 089

第一节 振兴生化财务报告内部控制失效案例分析 089
一、振兴生化公司面面观 089
二、振兴生化财务报告内部控制失效的证据陈述 092
三、振兴生化财务报告内部控制失效的特征分析 096

第二节 亚太实业财务报告内部控制失效案例分析 100
一、亚太实业公司面面观 100
二、亚太实业财务报告内部控制失效的证据陈述 103
三、亚太实业财务报告内部控制失效的特征分析 108

第三节 凯迪生态财务报告内部控制失效案例分析 109
一、凯迪生态公司面面观 109

二、凯迪生态财务报告内部控制失效的证据陈述……………… 112

　　三、凯迪生态财务报告内部控制失效的特征分析……………… 117

第六章　我国上市公司财务报告内部控制失效典型案例分析：
　　　　非主板篇…………………………………………………… 120

　第一节　康得新财务报告内部控制失效案例分析………………… 120

　　一、康得新公司面面观…………………………………………… 120

　　二、康得新财务报告内部控制失效的证据陈述………………… 124

　　三、康得新财务报告内部控制失效的特征分析………………… 128

　第二节　海联讯财务报告内部控制失效案例分析………………… 131

　　一、海联讯公司面面观…………………………………………… 132

　　二、海联讯财务报告内部控制失效的证据陈述………………… 135

　　三、海联讯财务报告内部控制失效的特征分析………………… 138

　第三节　金亚科技财务报告内部控制失效案例分析……………… 141

　　一、金亚科技公司面面观………………………………………… 141

　　二、金亚科技财务报告内部控制失效的证据陈述……………… 145

　　三、金亚科技财务报告内部控制失效的特征分析……………… 148

第四部分
我国上市公司财务报告内部控制失效的评价指标体系

第七章　我国上市公司财务报告内部控制失效评价指标体系：
　　　　基于案例的特征总结……………………………………… 155

　第一节　我国上市公司财务报告内部控制失效的评价框架……… 155

　第二节　我国上市公司财务报告内部控制失效的评价指标体系
　　　　　构建…………………………………………………………… 157

　　一、我国上市公司财务报告内部控制失效的主要特征………… 157

　　二、我国上市公司财务报告内部控制失效的评价指标体系…… 164

　第三节　我国上市公司财务报告内部控制失效的评价指标体系间
　　　　　网络关系：基于DEMATEL方法…………………………… 167

一、DEMATEL 方法简介 …………………………………………… 167
二、我国上市公司财务报告内部控制失效的评价指标体系
　　网络关系的问卷调研 ………………………………………… 169
三、我国上市公司财务报告内部控制失效的评价指标体系
　　网络关系的 DEMATEL 方法分析 …………………………… 180

参考文献 ………………………………………………………………… 186

第一部分

我国上市公司财务报告内部控制失效概论

第一章
绪论

本章简要介绍本书所研究问题的历史与制度背景,并对本书所涉及的主要研究问题做出说明和解释,进一步阐述本书的研究理论价值与现实应用价值。在上述基础上,最后将对本书整体研究思路和研究内容框架做出一个总括性的描述。

第一节 研究背景

在分工与协作提升了现代企业生产效率的同时,交易或者合作双方所面临的信息不对称问题也随之产生。随着企业业务范围的不断拓展以及业务复杂程度的不断加大,企业中的组织层级越发增加,企业所有权和经营权的分离也变得更加明显,进而导致投资者(或者所有者)在针对企业的投资决策(或者管理决策)过程中所面临的信息不对称程度越来越大。逆向选择与道德风险是信息不对称条件下的两种主要问题。在企业中逆向选择的情况很多,例如投资者可能并不了解拟投资公司的质量;股东们可能不了解所雇用的管理层的能力;管理层可能不了解下级雇员的能力等。逆向选择源于一些人(如公司管理层)较外部投资者而言掌握了更多有关公司当前状况以及未来前景的信息。这种信息不对称问题将会影响投资者的相关决策,尤其是在投资者担心所能得到信息可靠性的情况下,这种影响将会陷入一种恶性循环,甚至导致资本市场和经理人市场均无法正常运作,最后分崩离析。另一种信息不对称问题是道德风险,这也是普遍存在的。例如,在股东委托管理层来代为管理企业或者债权人信赖管理层而让渡资金给其使用之后,由于两权分离以及债权人的特定法律地位,居于企业之外的外部股东和债权人无力直接观测到高管的工作效率与努力程度。因此，管理人员的懒政、低能、腐败甚至舞弊就会发生。

在解决上述企业中存在的信息不对称问题的机制中，财务报告起到至关重要的作用。财务报告主要通过如下两个途径来缓解上述信息不对称问题：首先，为了控制逆向选择问题，财务报告可以将内部信息可靠地转化为外部信息；其次，财务报告中的盈利质量等相关信息可以作为衡量管理层人员业绩的重要依据，从而奖励具有良好业绩的管理层，也可以使那些不努力工作的管理层人员在个人薪酬、经理人声誉以及个人价值等方面承受重大损失。可见，上述财务报告能否起到作用有一个重要的前提：财务报告及其信息是否可靠。那么，如何进一步保证财务报告及其相关信息的可靠性呢？会计管制、外部审计以及内部控制可谓是当前的三大关键保证机制。支持会计管制的观点认为，财务报告及其相关信息是一种复杂的、重要的信息商品，如果单靠市场力量是不能完全缓解逆向选择和道德风险问题的。基于这种认识，各国乃至一些国际组织纷纷建立起了会计准则制定机构，以制定公认会计原则（会计准则）来实现对会计的管制，保证财务报告及其相关信息的价值。外部审计也是保证财务报告及其相关信息可靠性的重要机制。通过独立的、具有高度职业胜任能力的鉴证，可以进一步提升由管理层发布的财务报告及其相关信息的可靠性。如果说会计管制、行政监管、资本市场、外部审计都是财务报告及其相关信息可靠性的外部保证机制的话，那么财务报告内部控制就是保证财务报告及其相关信息可靠性的内部保证机制。在财务报告及其相关信息的产生过程中，我们不可能完全控制"错误"和"舞弊"的发生，因此就需要财务报告内部控制嵌入组织机体中，通过识别组织财务报告面临的风险，评估各种财务报告风险的可能危害及表现形式，建立应对各种财务报告风险的措施方法，形成对组织财务报告风险做出有效监控的信息反馈机制，再通过内在约束机制来合理保证财务报告及其相关信息的可靠性。

然而，21世纪初以来，诸如美国的"安然""世通"以及中国的"银广夏"等国内外财务欺诈丑闻，使投资者对于财务报告及其相关信息可靠性的信心受到了前所未有的打击。毋庸置疑，这些财务舞弊甚至是犯罪均与财务报告内部控制的失效有着最为直接的联系。因此，美国政府为了提振投资者对资本市场与上市公司的信心，通过了《2002年公众公司会计改革和投资者保护法案》，即人们熟知的《萨班斯法案》。该法案被时任美国总统小布什称为"自罗斯福总统以来美国商业界影响最为深远的改革法案"。自此，会计与审计监管与准则制定、上市公司公司治理、内部控制以及高管行为的规范提升了一个层级。该法案中部分条款对上市公司内部控制做出了新的规范要求，比如要求上市公司要建立各个业务和交易循环的内部控制制度；公司管理层要对公司财务报告内部控制开展定期的自我评价，并披露该自我评价报告；公司管理层要聘请外部注册会计师对该评价报告进行审计，并发表独立的审计意见等。《萨班斯法案》不仅对美国企业有着重大的影响，同样也影响了全球相关制度的建设。在美国之后，欧盟、日本等国也纷纷跟进，颁布了一些类似的法律法规。受其影响，在充分借鉴国际经验并结合国家实际情况下，我国也于2008年和2010年先后颁布了《企业内部控制基本规范》和相应的配套指引，沪深证券交易所也出台了一系列旨在规范上市公司财务报告内部控制的规章制度。这些规范必将对上市公司财务报告内部控制制度建设与执行以及制度有效性产生深远而重大的影响。

然而，令人遗憾的是，在对财务报告内部控制的外部监管日益严格的背景下，仍不断有新的财务报告舞弊的情况出现。从理论上看，虽然财务报告舞弊并不一定意味着财务报告内部控制失效，但这些案例无疑为当前财务报告内部控制制度敲响了警钟，引起越来越多实务工作者和理论研究者的关注，那么到底有哪些因素会导致财务报告内部控制失效，如何预防财务报告内部控制失效，就成了我们研究的主要问题。

第二节 研究问题与研究意义

一、研究问题

作为现代企业的典型代表，上市公司的靓丽业绩会进一步吸引投资者追捧。然而，近年来，在中国资本市场上，诸如"绿大地""北大荒""万福生科"等财务报告舞弊案例屡见不鲜。在外部审计师的专业判断下，这些公司财务报告的内部控制无法合理保证其财务报告及其相关信息的可靠性。虽然在中国证券监督委员会的审查下，这些公司均受到了行政处罚。但在广大投资者眼中，这些上市公司的财务报告内部控制无疑不能合理保证其财务报告及其他相关信息的真实可靠，也就是其财务报告内部控制是失效的。正如列夫·托尔斯泰的名言"幸福的家庭都是相似的，而不幸的家庭各有各的不幸"正被人质疑一样，越来越多的研究发现"不幸的家庭其实是彼此相似的，而幸福的家庭才各有不同"。类似地，财务报告内部控制失效的公司其实是具有彼此相似的特征，而财务报告内部控制有效的公司则各有不同的原因。因此，本书将着眼于"财务报告内部控制失效"这一主题，主要研究如下四个问题：①财务报告内部控制失效的概念如何界定？②中国上市公司财务报告内部控制失效的典型案例如何选择？③中国上市公司财务报告内部控制失效的主要典型特征有哪些？④如何对中国上市公司财务报告内部控制失效构建评价指标体系？

二、研究意义

按照目前被广泛采用的美国反虚假财务报告委员会下属的发起人委员会（The Committee of Sponsoring Organizations of the Treadway Commission，COSO）所提出的内部控制概念，"如果董事会和管理层能够就公开财务报表的编制是可靠的这一方面取得合理保证，那么就可以说其在财务报告内部控制方面是有效的"。COSO指出，"一家员工人数不多，经营业务集中的主体的首席执行官，可能不会建立正式的责任界限和详细的运营政策，但依然可能拥有一个良好的控制环境"，这说明虽然一些小型公司的内部控制可能不太正式，甚至不太健全，但其仍然拥有有效的内部控制。另外，COSO还指出："没有哪两个主体将会或者应该具有相同的内部控制体系。由于行业和规模，以及文化和管理理念方面的差异，各个公司和他们对于内部控制体系的需要相差甚远。因此，尽管所有主体要每个构成要素来保持对主体活动的控制，但是一家公司的内部控制体系常常看起来与另一家公司大相径庭。"这说明，一家公司内部控制有效的原因是多种多样的，有时公司的内部控制不正式、不健全，但同样能够达到相关目标。因此，任何一家内部控制有效的公司，都有其特殊的方面。所以，我们研究财务报告内部控制失效的公司，其针对性更强，从这些财务报告内部控制失效典型案例的教训中总结经验教训，比总结成功的经验更为重要。

第三节 研究思路与主要内容

一、研究思路

本书以我国转轨经济为宏观背景、以我国内部控制制度发展为制度背景，主要讨论如下四个问题：①财务报告内部控制失效的概念如何界定？②中国上市公司财务报告内部控制失效的典型案例如何选择？③中国上市公司财务报告内部控制失效的主要典型特征有哪些？④如何对中国上市公司财务报告内部控制失效构建评价指标体系？以期总结我国上市公司财务报告内部控制的主要风险点，为加强上市公司财务报告内部控制评价与建设提出相关政策建议。

为达成上述总目标，本书进一步细化为下列四个方面的研究思路：①梳理清楚我国上市公司财务报告内部控制相关制度背景，为本书的其他研究内容奠定良好的研究基础。②探讨我国上市公司财务报告内部控制失效的内涵，探寻具有客观、可行特征的内部控制失效的衡量标准，并在此基础上对我国上市公司财务报告内部控制失效现状进行总体描述与分析。③针对我国上市公司财务报告内部控制失效的典型案例，开展更为细致的分析，逐一探讨典型案例公司的财务报告内部控制失效的证据与特征，总结经验和教训。④基于典型案例公司财务报告内部控制失效特征的总结，提出旨在评价我国上市公司财务报告内部控制失效的指标体系，以促进和完善相关内部控制制度有效性建设。

二、主要内容

对应以上四个研究问题，本书包括四个部分，共七章内容。

第一部分为"我国上市公司财务报告内部控制失效概论",包括第一章和第二章。

第一章为全书的"绪论",简要介绍了本书的研究背景,对本书所研究的主要问题进行解释,并解释本书研究的意义和价值,以及阐述本书的整体研究思路和总体结构框架。

第二章为"我国上市公司财务报告内部控制相关制度背景",旨在简要介绍本书研究所立足的制度背景。该章简要回顾了我国财务报告内部控制规范的发展阶段,以及与上市公司相关的内部控制规范的演化与具体要求。

第二部分为"我国上市公司财务内部控制失效的概念与现状",包括第三章。

第三章为"我国上市公司财务报告内部控制失效概念界定与案例通览",探讨我国上市公司财务报告内部控制失效的内涵,探寻具有客观、可行特征的内部控制失效的衡量标准,并在此基础上对我国上市公司财务报告内部控制失效现状进行总体描述与分析。

第三部分为"我国上市公司财务报告内部控制失效的典型案例",包括第四章至第六章。

根据第三章中确定的判定标准,第四章至第六章分别针对沪市主板、深市主板、中小板、创业板中的9家财务报告内部控制失效的典型案例展开细致的分析。首先,对典型案例公司的各个方面进行较为详细的说明。其次,从其财务报告内部控制自我评价、审计以及中国证监会对其财务报告信息披露等问题的行政处罚决定等多方面,呈现其财务报告内部控制失效的事实。最后,在上述信息的基础上,对案例公司财务报告内部控制失效的特征展开分析与讨论。

第四部分为"我国上市公司财务报告内部控制失效的评价指标体系",包括第七章。

第七章为"我国上市公司财务报告内部控制失效评价指标体系:基于案例的特征总结",该章从本书的第二、第三部分中所讨论的我国上市公司财务报告内部控制失效的特征出发,构建了一套财务报告内部控制失效评价指标体系,以促进和完善相关内部控制制度有效性评价与建设。

第二章
我国上市公司财务报告内部控制相关制度背景

如前所述，本书的主要研究目标是通过研究我国上市公司财务报告内部控制失效案例，挖掘个中失效原因，吸取相应经验教训，为防范财务报告内部控制失效提供可行、有效的对策建议。因此，无论是研究上市公司财务报告内部控制失效的原因，还是总结经验教训，都需要在相关制度背景下逐步展开和细致挖掘。所谓制度背景，不仅包括制度本身，还包括制度制定的基本要求和制度运行的发展态势。就内部控制概念的范围而言，我国的内部控制制度规范中所定义的内部控制不仅包括财务报告内部控制，还涉及资产安全、运行效率效果等方面的内部控制；就内部控制规范对象范围而言，我国的内部控制制度的规范对象不仅包括上市公司，还涉及国企等其他类型的企业。因此，我国上市公司的财务报告内部控制制度的具体要求，则分散在各个内部控制制度规范中。鉴于此，为了更清晰地说明我国上市公司财务报告内部控制规范的演化过程，并详细说明各个发展阶段中的财务报告内部控制规范的具体要求，本章以时间链为主线，根据我们在"北大法宝——中国法律检索系统"中以"内部控制"为标题检索到的相关法规为基础，以编年体的方式，以十年为基本时间跨度，对我国上市公司财务报告内部控制相关规范制度逐一说明和分析。

第一节 2000年之前我国上市公司财务报告内部控制制度

早在先秦时期，《周礼》就蕴含着我国内部控制的早期萌芽思想和相关制度设计。例如《周礼·理其财之所出》记载:"虑夫掌财用财之吏,渗漏乾没,或有容奸而肆欺……于是一毫财赋之出入,数人之耳目通焉。"意思是,考虑到掌管和使用财赋的官吏可能会出现贪污盗窃、弄虚作假的行为,因此规定每笔财赋的出入都要经数人之手,以实现相互牵制。当然,类似这样的内部控制思想和制度设计还出现在其他诸多文献和史实中,但孰先孰后,也无从考证。当然,论及"上市公司财务报告内部控制"这个概念和其发展演变,一定要基于我国股票市场的建立和发展为重要背景。随着1990年底上海证券交易所、深圳证券交易所先后营业,标志着我国股票市场的发展揭开了崭新一页,也催发了包括上市公司内部控制制度在内的各项规章制度的不断完善。

一、1990~1994年我国上市公司财务报告内部控制的制度编年

根据我们在"北大法宝——中国法律检索系统"中检索以"内部控制"为标题的相关法规发现,1994年以前,我国并没有发布以"内部控制"为标题的企业规章制度,我们只能在企业内部审计工作以及财务管理工作等相关制度规范中找到只言片语。例如,1990年8月26日,在由当时的国家建筑材料工业局发布的《建材工业系统内部审计工作规定》中提出:"内部审计是国家审计体系的组成部分。通过内部审计监督,严肃财经法纪,维护国家财产,健全内部控制制度,改善经营管理,提高经济效益,促进建材工业持续稳定发展。"

1990年10月15日,在由当时的化学工业部发布的《化学工业内部审计工作规定》中提出:"内部审计是国家审计体系的重要组成部分,通过内部审计,严格执行财经法纪,改善经营管理,健全内部控制制度,以提高经济效益,促进化学工业持续稳定发展。"

1992年6月24日,财政部发布的《中华人民共和国外商投资企业财务管理规定》指出:"外商投资企业根据中国有关法律、法规和本规定,结合企业具体情况,制定本企业的财务制度,包括财务收支、财产管理、成本费用管理、开支标准与审批程序、外币资金管理以及内部控制、稽核等项制度。"1993年1~2月,财政部发布的《运输企业财务制度》《金融保险企业财务制度》也同样指出:"企业应当建立健全现金及各种存款的内部

控制制度。"

1994年1月20日，由当时的煤炭工业部发布的《加强煤炭行业审计工作的若干规定》规定："煤炭行业内部审计机构在审计企业资产负债和损益的基础上，应检查企事业单位的内部控制制度、生产技术环节和经营管理活动，为促进企业改革经营管理、提高经济效益提出意见和建议。"

1994年1月26日，由当时的电力工业部发布的《电力工业部关于加强审计工作的若干意见》规定："对企业内部控制制度进行审计评价，考核其是否完善和有效，提出改进的建设。"1994年11月23日，财政部发布的《国有林场与苗圃财务制度》（暂行）和《国有林场与苗圃会计制度》，以及《国有农牧渔良种场财务制度》（暂行）和《国有农牧渔良种场会计制度》指出，"场圃应当建立健全现金及各种存款的内部控制制度"，"良种场应当建立健全现金及各种存款的内部控制制度"。

值得注意的是，我们以"内部控制"为标题，在"北大法宝——中国法律检索系统"中进行检索发现，1994年4月11日，由中国人民保险公司发布的《内部控制制度（系统）评审方案实施步骤》是我国第一个涉及单一企业、专门针对"内部控制"的规章制度。其规定要"对某一项业务活动所建立的内部控制制度（子系统），进行评审"，并通过"制定内部控制流程图（子系统）"，"按审计方案和实务的规定内容进行内部控制制度健全性测试"，然后"根据健全性和符合性测试的情况，决定是否进行实质性测试"，并"对内部控制制度健全性和符合性及实质性测试的结果，全面综合评价，撰写审计报告"。

二、1995~1999年我国上市公司财务报告内部控制的制度编年

根据我们在"北大法宝——中国法律检索系统"中检索以"内部控制"为标题的相关法规发现，1995年11月29日，由当时的中国交通部发布的《交通行业内部控制制度评审办法》是我国第一个涉及某一行业内的所有企业并专门针对"内部控制"的行政法规。该法规旨在指导"交通行业各单位审计部门开展的内部控制制度评审"工作，并提出"交通行业内部控制制度评审是指对交通企事业单位内部控制制度进行检查，确定内部控制制度是否严密，是否有效执行，并据以判断经济信息的可信赖程度"，其评审

结果"可作为确定其他专项审计内容、范围、程度等的重要依据"。

1997年1月1日,由中国注册会计师协会发布的《独立审计具体准则第9号——内部控制与审计风险》则是从外部审计的角度提出的有关内部控制的要求。1997年5月16日,中国人民银行发布了《加强金融机构内部控制的指导原则》,提出"为了有效防范金融风险,保证金融业安全稳健运行,各金融机构必须建立科学完善的内部控制制度"。该法规指出包括政策性银行、国有独资商业银行、其他商业银行、城乡信用社、信托投资公司、证券机构、保险机构、财务公司、融资租赁公司、典当行等非银行金融机构在内的金融机构均应当"建立健全有效的内部控制运行机制","管理层可以根据自身经营的规模和业务特点,制定实施各自的内控模式"。同年12月30日,中国人民银行又发布了《中国人民银行关于进一步完善和加强金融机构内部控制建设的若干意见》,进一步明确了金融机构内部控制建设的指导思想和目标,并提出"各金融机构要结合自身实际,制定出本单位清理整顿的措施步骤和具体时间表",要求进一步强化统一法人制度,完善治理结构,健全内部制约机制,建立内部风险评估和监测制度等具体措施。

1998年2月18日,由当时的煤炭工业部发布的《煤炭企业内部控制审计实施办法》规定:"内部控制审计,是指煤炭内部审计机构对企业内部控制的健全性、可靠性、有效性和效率性进行的审计监督。其主要目的是,通过内部控制审计,促进企业建立健全内部控制制度,确保会计报表的可靠性、经营管理的有效性和经营活动遵循各种法规的合法性。"

1999年8月5日,中国保险监督管理委员会(简称保监会)发布《保险公司内部控制制度建设指导原则》,首次对保险公司"建立科学、完善的内部控制制度"提出了系统的要求,提出了保险公司内部控制建设的目标和原则、内部控制的要素,以及"组织机构系统、决策系统、执行系统、稽核监督系统和支持保障系统",强调"内部控制制度的管理与监督"等。

三、1990~1999年我国上市公司财务报告内部控制制度小结

纵观1990~1999年我国"内部控制"相关制度规范,我们发现并没有特别针对上市公司的内部控制相关制度规范的颁布,然而这些内部控制制度规范对上市公司财务报告内部控制的建立和完善起到了积极的推动作用。

该阶段的内部控制有如下几个方面的特征：

第一，审计评价视角下的财务报告内部控制规范得到了初步的重视。

企业的内部控制质量一直都是审计师（当然不仅是外部的注册会计师，还包括内部审计师）关注的重点。不管是传统的制度基础审计还是当前的风险导向审计，内部控制评价都是审计师工作的重要内容之一。此阶段中，审计评价视角下的内部控制概念界定，最具代表性的是1997年1月1日，由中国注册会计师协会发布的《独立审计具体准则第9号——内部控制与审计风险》中的定义，即："内部控制，是指被审计单位为了保证业务活动的有效进行，保护资产的安全和完整，防止、发现、纠正错误与舞弊，保证会计资料的真实、合法、完整而制定和实施的政策与程序。内部控制包括控制环境、会计系统和控制程序。""内部控制一般应当实现以下目标：①保证业务活动按照适当的授权进行；②保证所有交易和事项以正确的金额，在恰当的会计期间及时记录于适当的账户，使会计报表的编制符合会计准则的相关要求；③保证对资产和记录的接触、处理均经过适当的授权；④保证账面资产与实存资产定期核对相符。"可见，该概念虽然没有明确提出"财务报告内部控制"，但其内涵已经比较明确指向了"财务报告内部控制"。

第二，会计与财务视角下的财务报告内部控制规范初步发展。

1990~1995年，财政部发布了多个行业的财务制度（或会计制度），其中涉及内部控制的相关规范。在这些制度规范中，特别重视财务收支、库存现金、有价证券、存款、固定资产的内部控制制度的建立。这些规范的颁布，对于企业建立和完善财务报告内部控制的相关实践起到了积极推动作用。

第三，财务报告内部控制规范的建立起始于涉及国计民生的特定行业。

对于一些涉及重大公众利益的重要行业而言，要求建立和健全内部控制制度一直以来都是重要监管手段。电力、煤炭、水利、交通行业在我国国民经济中有着举足轻重的作用，因此该阶段的内部控制制度的建立均始发于这些行业。同时，在该阶段的末期，对于金融行业（尤其是保险行业）的内部控制制度规范开始得到了重视。

第二节 2000~2010年我国上市公司财务报告内部控制制度

1990~1999年，虽然没有特别针对上市公司的内部控制相关制度规范的颁布，但是一些相关的内部控制制度已经在促进上市公司财务报告内部控制的建设和完善中发挥重要作用。2000~2010年可谓是我国上市公司财务报告内部控制的大发展阶段，很多重要而且影响深远的财务报告内部控制制度在此期间内颁布并实施。

一、2000~2004年我国上市公司财务报告内部控制的制度编年

根据我们在"北大法宝——中国法律检索系统"中检索以"内部控制"为标题的相关法规发现，针对我国上市公司的内部控制相关制度规范，可以追溯到2000年11月2日中国证监会发布的《公开发行证券公司信息披露编报规则第1号——商业银行招股说明书内容与格式特别规定》、《公开发行证券公司信息披露编报规则第3号——保险公司招股说明书内容与格式特别规定》以及《公开发行证券公司信息披露编报规则第5号——证券公司招股说明书内容与格式特别规定》。这三份"信息披露编报规则"可谓是我国最早针对上市公司内部控制建设和信息披露的相关制度规范，分别明确要求，商业银行、保险公司和证券公司应在招股说明书正文中专设一部分披露其对内部控制制度完整性、合理性及有效性所作出的相关说明。2000年12月21日，中国证监会又发布了《公开发行证券公司信息披露编报规则第7号——商业银行年度报告内容与格式特别规定》和《公开发行证券公司信息披露编报规则第8号——证券公司年度报告内容与格式特别规定》，明确要求商业银行和证券公司应在年度报告中对内部控制制度的合理性、完整性和有效性进行说明，同时要求其所聘请的会计师事务所出具评价报告，对其内部控制制度及是否满足"三性"要求进行评价并提出改进建议。上述五个法规反映出证监会特别关注金融类上市公司的内部控制建设与信

息披露，而对一般性的上市公司并未做强制性规定（需要说明的是，2001~2003年期间上述法规进行了修订，以2003年3月19日发布的《公开发行证券的公司信息披露编报规则第18号——商业银行信息披露特别规定》为代表，但对内部控制报告的要求并没有多大变化）。它们基本构成了对金融类上市公司内部控制建设与信息披露的初步规范。

2001年3月15日，中国证监会发布了《公开发行证券的公司信息披露内容与格式准则第1号——招股说明书》（简称《准则第1号（2001版）》），首次对包括金融类上市公司在内的所有"申请在中华人民共和国境内首次公开发行股票并上市的公司"提出了内部控制信息披露要求，即"发行人应披露公司管理层对内部控制制度完整性、合理性及有效性的自我评估意见。注册会计师指出以上'三性'存在重大缺陷的，应予披露并说明改进措施"。2001年4月10日，中国证监会发布了《公开发行证券的公司信息披露内容与格式准则第11号——上市公司发行新股招股说明书》（简称《准则第11号（2001版）》），对包括金融类上市公司在内的所有"申请在中华人民共和国境内发行新股的上市公司"在其配股说明书、增发招股意向书及增发招股说明书中的内部控制的信息披露提出要求，即"发行人应披露管理层对内部控制制度的完整性、合理性及有效性的自我评估意见，同时应披露注册会计师关于发行人内部控制制度评价报告的结论性意见。如注册会计师指出以上'三性'存在重大缺陷，发现人对相关内容应予详尽披露，并说明改进措施"。中国证监会在2001年12月10日发布了《公开发行证券公司信息披露内容与格式准则第2号——年度报告的内容与格式》（2001年修订），该规定要求监事会在年度报告中应对如下事项发表独立意见：公司实际运作情况，公司决策程序是否符合法律法规要求，是否建立有完善的内部控制制度，公司高管是否有违法违规或者损害公司利益的行为。

2002年2月9日，中国注册会计师协会发布的《内部控制审核指导意见》，对于注册会计师执行上市公司与会计报表相关的内部控制审核业务有了具体的指导。在这份内部控制规范制度中，首次明确提出了"财务报告内部控制"的相关内容。该《意见》指出，注册会计师接受委托，就被审核单位管理当局对特定日期与会计报表相关的内部控制有效性的认定进行审核，并发表审核意见。

2003年3月24日，中国证监会发布了《公开发行证券的公司信息披露内容与格式准则第1号——招股说明书》（2003年修订）。在此修订版本中，原先《准则第1号（2001版）》中关于内部控制信息披露的要求没有发生变化。2003年3月24日，中国证监会发布了《公开发行证券的公司信息披露内容与格式准则第11号——上市公司发行新股招股说明书》（2003年修订版）。在此修订版本中，原先《准则第11号（2001版）》中关于内部控制信息披露的要求没有发生变化。2003年12月22日，中国证监会发布了《公开发行证券公司信息披露内容与格式准则第2号——年度报告的内容与格式》（2003年修订），与该准则2001年版本相比，其内部控制信息披露相关的规范内容没有变化。

2004年12月13日，中国证监会发布了《公开发行证券公司信息披露内容与格式准则第2号——年度报告的内容与格式》（2004年修订），与之前的该准则2001年版和2003年版相比，其内部控制信息披露相关的规范内容没有变化。

二、2005~2010年我国上市公司财务报告内部控制的制度编年

2005年10月19日，国务院以国发〔2005〕34号文批转了证监会《关于提高上市公司质量意见》，要求上市公司要建立健全内部控制制度，并"对内部控制制度的完整性、合理性及其实施的有效性进行定期检查和评估，同时要通过外部审计对公司的内部控制制度以及公司的自我评估报告进行核实评价，并披露相关信息"。同年12月9日，国资委发文《关于贯彻落实〈国务院批转证监会关于提高上市公司质量意见的通知〉的通知》，要求"各级国有资产监督管理机构和国有及国有控股企业要认真学习34号文件"，"国有控股上市公司完善内部控制制度，杜绝资金占用问题的再度发生"。2005年12月15日，中国证监会发布了《公开发行证券公司信息披露内容与格式准则第2号——年度报告的内容与格式》（2005年修订），与之前的该准则2001年版、2003年版和2004年版相比，其内部控制信息披露相关的规范内容没有变化。

2006年5月8日，中国证监会发布了《公开发行证券的公司信息披露内容与格式准则第11号——上市公司发行新股招股说明书》（2006年修

订)。在此版准则中,删去了相关内部控制信息的披露要求。2006年5月17日,中国证监会发布《首次公开发行股票并上市管理办法》,要求"发行人的内部控制制度健全且被有效执行,能够合理保证财务报告的可靠性、生产经营的合法性、营运的效率与效果","规定发行人的内部控制在所有重大方面是有效的,并由注册会计师出具了无保留结论的内部控制鉴证报告"。2006年5月18日,中国证监会发布了《公开发行证券的公司信息披露内容与格式准则第1号——招股说明书》(2006年修订)。在此准则中,明确提出需要披露"注册会计师对公司内部控制的鉴证意见",并要求"注册会计师指出公司内部控制存在缺陷的,应予披露并说明改进措施",相比以前版本的要求,删去了"重大"两字,从而提高了信息披露的要求。另外,在2006年修订稿中,还增加了发行人需要披露"内部控制有效性不足导致的风险"因素的要求。

为了提高上市公司财务报告的可靠性,沪深证券交易所也加强了对上市公司内部控制信息披露的监管。2006年6月5日,上海证券交易所发布了《上海证券交易所上市公司内部控制指引》(简称《上交所内控指引》),要求沪市上市公司自2006年7月1日起开始执行。《上交所内控指引》对上市公司建立健全和有效实施内部控制制度以及内部控制信息披露方面,作出了详细的规定,其中规定董事会要与年度报告一起披露内部控制自我评估报告及会计师事务所对自我评估报告的核实评价意见。

2006年12月28日,上海证券交易所发布《关于做好上市公司2006年年度报告工作的通知》(简称《上交所2006年度通知》),与以往每年发布的"年度报告工作通知"不同的是,上交所在2006年年度报告工作通知中第一次要求上市公司披露内部控制信息。值得注意的是,上述规定中仅用了"鼓励"披露内部控制自我评估报告,与2006年《上交所内控指引》中相对强制的内部控制信息披露的初衷相悖。

2006年12月28日,深圳证券交易所发布《关于做好上市公司2006年年度报告工作的通知》(简称《深交所2006年度通知》),与以往每年发布的"年度报告工作通知"不同的是,深交所在2006年年度报告工作通知中第一次鼓励上市公司参照深交所发布的《上市公司内部控制指引》的要求,在披露2006年年度报告的同时,披露公司内部控制制度的建立及执行情况。

2007年12月17日,中国证监会发布《公开发行证券公司信息披露内容与格式准则第 2 号——年度报告的内容与格式》（2007 年修订）。在此版本中，除了如以前版本要求在监事会报告中有内部控制的相关信息披露，还增加规定在公司年报中的"公司治理结构"部分中，要"说明生产经营控制、财务管理控制、信息披露控制等内部控制制度的建立和健全情况"。

2007 年 12 月 28 日，证监会发布《关于做好上市公司 2007 年年度报告及相关工作的通知》（简称《证监会 2007 年度通知》），要求"建立健全内部控制制度，强化对内控制度的检查和披露"。

2007 年 12 月 28 日，深交所发布的《关于做好上市公司 2007 年年度报告工作的通知》（简称《深交所 2007 年度通知》），首次要求上市公司"应当按照本所《上市公司内部控制指引》的要求，对公司内部控制的有效性进行审议评估，作出内部控制自我评价"，而且，深交所对于注册会计师的审核评价意见仅针对与财务报告相关的内部控制。而且，《深交所 2007 年度通知》还对上市公司应当作出的"内部控制自我评价"提出了相对详细、更具操作性的内容和格式的披露要求，这点在以后各年的通知中都得到了很好的延续。

2008 年 1 月 2 日，上交所发布了《关于做好上市公司 2007 年年度报告工作的通知》。该通知中关于内部控制的规范要求与《上交所 2006 年度通知》没有差异。与《深交所 2007 年度通知》相比，首先，对于内部控制自我评价报告，深交所要求强制披露，但上交所还处在"鼓励"阶段；其次，对于内部控制自我评价报告，深交所给出了较为翔实、具有操作性的内容和格式要求，而上交所并无此规定；最后，深交所明确了"财务报告内部控制"，而上交所并没有清晰地界定。

2008 年 6 月 28 日，财政部、证监会、审计署、银监会、保监会发布了《企业内部控制基本规范》，并就贯彻实施基本规范作出了部署，自 2009 年 7 月 1 日起在上市公司范围内施行，标志着我国内部控制发展进入了规范发展时期。

2008 年 12 月 26 日，证监会发布《关于做好上市公司 2008 年年度报告及相关工作的通知》，要求上市公司在年报中"全面披露公司内部控制机制建立健全的情况"，尤其单独提出对于公允价值方面的内部控制制度进行信息披露。

2008 年 12 月 30 日，上交所发布的《关于做好上市公司 2008 年年度报告工作的通知》(简称《上交所2008年度通知》)提出了新的内部控制信息披露要求。其中,第九条规定:上市公司应当在2008年年报全文的"公司治理结构"部分,说明公司内部控制制度建立健全的情况,包括但不限于公司内控建立情况、公司内控检查监督机制运行情况、公司董事会及其审计委员会对公司内控工作的指导工作情况、公司落实《企业内部控制基本规范》(财会〔2008〕7号)等规定的计划等。从上述《通知》来看,上交所对于2008年度年报中的内部控制自我评估报告的披露有了强制性的要求,即对于"上证公司治理板块"样本公司、发行境外上市外资股的公司及金融类公司,强制要求披露董事会对公司内部控制的自我评估报告,而对于内部控制审计或者核实评价报告则并不强制要求。

2009年10月15日,深交所发布《深圳证券交易所创业板上市公司规范运作指引》,首次对创业板上市公司内部控制作出了规范。其中,特别对财务报告以及信息披露相关的内部控制提出了明确规范。

2009年12月29日,证监会发布《关于做好上市公司2009年年度报告及相关工作的公告》,要求"上市公司应当严格执行企业会计准则及财务报告披露的相关规定,建立健全与财务报告相关的内部控制制度","上市公司应按照《企业内部控制基本规范》的要求,认真做好公司内部控制建设、有效贯彻执行内部监督和自我评价以及内控审计和信息披露工作",对于董事会和审计委员会对于内部控制的责任作出了明确界定,即"公司董事会应按照内控规范的相关要求,切实承担起建立健全和有效实施内控的责任,制定并完善公司建立健全内部控制的总体规划,成立或指定专门的机构具体负责组织协调内部控制系统的建立实施及日常工作。审计委员会应认真履行对内部控制有效实施和自我评价的审查及监督职责,做好内部控制审计的协调工作","上市公司应在年报'公司治理结构'部分专项披露内部控制建设的总体方案、内部控制规范建立健全情况、内部监督和内部控制自我评价工作开展情况、内部控制存在的缺陷及整改情况等内容"。

为了推动企业内部控制基本规范的具体应用,2010年4月26日,财政部等五部委颁布了《企业内部控制配套指引》(该指引包括《企业内部控制应用指引》《企业内部控制评价指引》《企业内部控制审计指引》)。配套指引对内部控制信息披露方面的规定更为具体,包括内部控制评价的内容、程序和方法,内部控制缺陷的认定,内部控制评价报告应披露的内容,内部控制审计程序、方法和内部控制审计报告的出具类型等。

2010年7月28日，深交所发布《深圳证券交易所主板上市公司规范运作指引》《深圳证券交易所中小企业板上市公司规范运作指引》，专门用一章的内容对上市公司内部控制进行相关规范。

为了规范注册会计师向治理层和管理层恰当通报在财务报表审计中识别出的内部控制缺陷，财政部于2010年11月1日发布了《中国注册会计师审计准则第1152号——向治理层和管理层通报内部控制缺陷》（2010年修订），特别关注了注册会计师对于内部控制缺陷的定义和报告规范。

三、2000~2010年我国上市公司财务报告内部控制制度小结

综观2000~2010年我国上市公司内部控制制度的演变，我们发现该阶段有如下几个方面的特点：

第一，财务报告内部控制制度规范得到了重大发展和初步建立。

此阶段是我国上市公司财务报告内部控制制度建设最为重要的时期，如《上交所内控指引》、《深交所内控指引》、《企业内部控制基本规范》和《企业内部控制配套指引》等影响日后财务报告内部控制制度发展演化的重要制度得以发布，为我国上市公司财务报告内部控制的发展奠定了重要的基础。

第二，财务报告内部控制的概念在内部控制规范中越来越明晰。

从此阶段我国上市公司内部控制相关制度规范中可以看出，相关部门已经关注了"财务报告内部控制"在企业内部控制中的重要地位。同时，注册会计师为了合理规避自己的风险，也将其他相关制度所要求注册会计师进行的内部控制审核业务界定在相对较小的"财务报告内部控制"中。

第三，金融行业和中央企业的财务报告内部控制越来越被重视。

金融行业在我国国民经济中有着举足轻重的作用，而中央企业则多数涉及国计民生的行业。因此，我国的金融行业监管机构和中央企业的监管部门率先针对各自监管的对象出台了相关的财务报告内部控制规范。

第三节 2011~2020年我国上市公司财务报告内部控制制度

如前所述，2000~2010年是我国上市公司财务报告内部控制制度规范的大发展阶段，初步建立起了一整套上市公司财务报告内部控制制度的规范体系。2011年以后的近10年，则是我国上市公司财务报告内部控制制度不断充实和细化、持续发展的新阶段。

一、2011~2015年我国上市公司财务报告内部控制的制度编年

2011年12月30日，证监会发布《关于做好上市公司2011年年度报告及相关工作的公告》，除了上一年度公告规定的以外，要求"上市公司应在年报'内部控制'部分披露建立年报信息披露重大差错责任追究制度的情况"，更为明确地要求"境内外同时上市的公司应当按照《企业内部控制评价指引》和《企业内部控制审计指引》等的要求披露董事会出具的内部控制自我评价报告和注册会计师出具的财务报告内部控制审计报告"。

2011年12月30日，上交所发布的《关于做好上市公司2011年度报告工作的通知》（简称《上交所2011年度通知》）对上市公司内部控制信息披露有了新的要求。除了同《上交所2008年度通知》等对于"上证公司治理板块"样本公司、境内外同时上市的公司及金融类公司要求披露内部控制自我评价报告以外，《上交所2011年度通知》首次强制要求"境内外同时上市的公司，除应披露内控报告外，还应披露注册会计师出具的财务报告内部控制审计报告"。

2012年2月23日，财政部就《企业内部控制基本规范》等相关规范执行过程中的一些问题，发布了《企业内部控制规范体系实施中相关问题解释第1号》，就"董事会申明""内部控制评价工作的总体情况""内部控制评价的范围""内部控制评价的程序和方法""内部控制缺陷及其认定""内部控制缺陷的整改情况""内部控制有效性的结论"等问题做出了解释。

财务报告内部控制失效案例研究

2012年5月7日,国资委、财政部发布《关于加快构建中央企业内部控制体系有关事项的通知》,提出"提高思想认识,切实加强对内部控制工作的组织领导","分类分步推进,全面启动内部控制建设与实施工作","立足企业实际,建立健全内部控制体系","采取得力措施,确保内部控制有效执行","加强评价与审计,促进内部控制持续改进与优化","按时报送评价报告,加强出资人监督检查"等要求。

为了有效确保主板上市公司能有效实施企业内部控制规范体系,确保内控体系建设得以完善并取得实效,2012年8月14日财政部办公厅会同证监会办公厅发布了《关于2012年主板上市公司分类分批实施企业内部控制规范体系的通知》(财办会〔2012〕30号),决定在主板上市公司分类分批推进实施企业内部控制规范体系。

2012年9月19日,中国证监会发布《公开发行证券公司信息披露内容与格式准则第2号——年度报告的内容与格式》(2012年修订)。该版本删去了之前版本中在"监事会报告"以及"公司治理结构"中的内部控制信息披露要求,而是在公司年报中"重要事项"和"内部控制"两节中集中披露内部控制信息。

2012年9月24日,财政部发布《企业内部控制规范体系实施中相关问题解释第2号》,指出"企业内部控制规范体系正式实施一年多来,总体平稳,但在具体实施过程中,部分企业还存在理解认识上的不到位和实际执行上的偏差"。

2012年12月12日,证监会发布《关于做好上市公司2012年年度报告及相关工作的公告》,要求"上市公司应当按照《企业内部控制基本规范》(财会〔2008〕7号)和《企业内部控制配套指引》的要求,建立健全并有效执行内部控制制度,同时按照《关于2012年主板上市公司分类分批实施企业内部控制规范体系的通知》(财办会〔2012〕30号)的规定,披露董事会审议通过的内部控制自我评价报告,以及注册会计师出具的财务报告内部控制审计报告。鼓励其他未纳入实施范围的上市公司披露上述报告"。公告中没有强调董事会和监事会在内部控制建立健全方面的关键责任和作用,但却强调了规范内部控制审计的要求,即"注册会计师应当按照《企业内部控制审计指引》及其实施意见的要求执行与财务报告相关的内部控制审计。会计师事务所应当严格遵守《中国注册会计师职业道德守则》的

第二章 我国上市公司财务报告内部控制相关制度背景

要求,审慎承接内部控制审计业务,不得与具有网络关系的中介机构同时为同一企业提供内部控制咨询和审计服务。在内部控制审计过程中,注册会计师应当重点关注利用他人工作、信息技术应用控制评估、内部控制缺陷评价等环节的审计程序,审慎出具内部控制审计意见"。2012年12月31日,上交所发布《关于做好上市公司2012年度报告工作的通知》,其中要求除了以前年度要求的"上证公司治理板块"样本公司、发行境外上市外资股的公司及金融类公司以外,还要求按照"《关于2012年主板上市公司分类分批实施企业内部控制规范体系的通知》(财办会〔2012〕30号)要求的上市公司"也必须强制要求披露董事会对内部控制的自我评价报告,同时鼓励拟申请加入"上证公司治理板块"及其他上市公司披露内控报告。对于内部控制审计报告,该《通知》要求"境内外同时上市以及符合《关于2012年主板上市公司分类分批实施企业内部控制规范体系的通知》(财办会〔2012〕30号)要求的上市公司,除应当披露内控报告外,还应当披露注册会计师出具的财务报告内部控制审计报告",鼓励其他上市公司披露内控审计报告。2012年12月31日,深交所发布的《关于做好上市公司2012年年度报告工作的通知》(简称《深交所2012年度通知》)中,除了如《深交所2011年度通知》的要求以外,还要求按照"《关于2012年主板上市公司分类分批实施企业内部控制规范体系的通知》(财办会〔2012〕30号)中所述的主板中央和地方国有控股上市公司"需要披露内部控制自我评价报告和会计师事务所出具的内部控制审计报告。另外,《深交所2012年度通知》中首次要求"中小企业板上市公司应当对2012年度内部控制规则的落实情况进行自查",并编制《内部控制规则落实自查表》。

为分步推进资本市场全面贯彻实施企业内部控制规范体系,规范上市公司内部控制信息披露行为,保护投资者的合法权益,中国证监会联合财政部于2014年1月3日共同发布了《公开发行证券的公司信息披露编报规则第21号——年度内部控制评价报告的一般规定》,要求所有需要披露内部控制评价报告的上市公司参照执行。2014年1月15日,证监会发布《上市公司定期报告工作备忘录第1号年度内部控制信息的编制、审议和披露》,对2013年度"应披露年度内部控制评价报告及内部控制审计报告的公司范围"、"内控报告的编制、审议和披露"、"年度报告有关内部控制的信息披露要求"等具体问题进行了详细的说明。2014年5月28日,中国证监会发布《公开发行证券公司信息披露内容与格式准则第 2 号——年度报告的内容与格式》（2014 年修订），其中内部控制相关要求与 2012 年版本没有变化。2014 年 12 月 31 日，上交所和深交所发布的《关于做好上市公司 2014 年年度报告工作的通知》中的内部控制信息披露要求，与《上交所 2013 年度通知》《深交所 2013 年度通知》没有大的差异。

2015 年 2 月 5 日，中国注册会计师协会发布《企业内部控制审计问题解答》，针对注册会计师开展财务报告内部控制审计中遇到的一些实际问题进行了详细的解释。2015 年 12 月 7 日，保监会根据《中华人民共和国保险法》《保险资金运用管理暂行办法》及相关规定，发布了《保险资金运用内部控制指引》，就职责分工与授权批准、投资研究与决策控制、投资执行控制及投资后管理进行规定。这也是首次提出关于保险资金运用的内部控制指引。保险资金运用内部控制应当遵循安全性原则、健全性原则、有效性原则、独立性原则及成本效益原则。保险资金运用内部控制包括控制环境、风险评估、控制活动、信息与沟通以及内部监督。

二、2016~2020 年我国上市公司财务报告内部控制的制度编年

2016 年 2 月 1 日，中国基金业协会发布《私募投资基金管理人内部控制指引》，提出私募基金管理人内部控制总体目标是：①保证遵守私募基金相关法律法规和自律规则。②防范经营风险，确保经营业务的稳健运行。③保障私募基金财产的安全、完整。④确保私募基金、私募基金管理人财务和其他信息真实、准确、完整、及时。私募基金管理人内部控制应当遵循以下原则：全面性原则、相互制约原则、执行有效原则、独立性原则、成本效益原则及适时性原则。2016 年 9 月 9 日，证监会发布《2015 年上市公司年报会计监管报告》，就与股权投资相关的问题、收入确认、职工薪酬、金融工具、所得税会计、资产减值、股份支付、内部控制信息披露以及其他披露问题等方面进行总结报告。

2018 年 3 月 23 日，证监会发布《证券公司投资银行类业务内部控制指引》，指出证券公司对投资银行类业务的内部控制应当实现下述目标：①按照法律法规、规章及其他规范性文件、行业规范和自律规则、公司内部规章制度开展投资银行类业务，切实保证所有与投资银行类业务相关的管理

人员、业务人员和其他人员诚实守信、勤勉尽责。②建立健全分工合理、权责明确、相互制衡、有效监督的组织体系，形成科学、合理、有效的投资银行类业务决策、执行和监督等机制，防范投资银行类业务风险。③建立健全和严格执行投资银行类业务内部控制制度、工作流程和操作规范，确信其所提交、报送、出具、披露的相关材料和文件符合法律法规、中国证监会的有关规定、自律规则的相关要求，内容真实、准确、完整。④提高证券公司经营效率和效果，提升投资银行类业务质量。此外，证券公司投资银行类业务内部控制应当遵循健全、统一、合理、制衡、独立的原则，确保内部控制有效。证券公司应当构建清晰、合理的投资银行类业务内部控制组织架构，建立分工合理、权责明确、相互制衡、有效监督的三道内部控制防线。

2019年10月19日，国资委印发《关于加强中央企业内部控制体系建设与监督工作的实施意见》的通知，提出"建立健全内控体系，进一步提升管控效能；强化内控体系执行，提高重大风险防控能力；加强信息化管控，强化内控体系刚性约束；加大企业监督评价力度，促进内控体系持续优化；加强出资人监督，全面提升内控体系有效性"。

2020年7月，中国上市公司协会发布《上市公司独立董事履职指引》（修订版）及《独立董事促进上市公司内部控制工作指引》，指出"独立董事应当将其履行职责的情况记入《独立董事工作笔录》，包括对上市公司生产经营状况、管理和内部控制等制度的建设及执行情况、董事会决议执行情况等进行调查，与公司管理层讨论、参加公司董事会、发表独立意见等内容"；"上市公司年度股东大会召开时，独立董事需提交年度述职报告，对自身履行职责的情况进行说明，并重点关注上市公司的内部控制、规范运作以及中小投资者权益保护等公司治理事项"；"需重点关注的内部控制环节如下：关联交易的内部控制、对外担保的内部控制、重大投资的内部控制、融资活动的内部控制、募集资金使用的内部控制、并购重组的内部控制、利润分配的内部控制、控股子公司的内部控制、薪酬和股权激励的内部控制、主动退市的内部控制以及开展新业务的内部控制"。

三、2011~2020年我国上市公司财务报告内部控制制度小结

综观近十年我国上市公司财务报告内部控制制度发展，我们发现以下几个特点：

第一，不断加强上市公司财务报告内部控制信息披露以及内部控制审计工作。

《上交所内控指引》和《深交所内控指引》的颁布标志着我国上市公司内部控制信息披露进入了强制性披露阶段，而之后通过证监会、财政部、交易所每年发布的年度工作公告等，对上市公司财务报告内部控制信息披露以及内部控制审计的工作逐步进行落实。

第二，不断夯实财务报告内部控制相关工作的职责要求。

首先，公司董事会应当对公司财务报告内部控制制度的制定和有效执行负责；其次，注册会计师应按照《企业内部控制审计指引》及其实施意见的要求执行与财务报告相关的内部控制的审计；最后，特别提出独立董事在促进上市公司财务报告内部控制建设中的作用。

第三，上市公司财务报告内部控制的制度建设已趋完备。

2015年底，财政部发布《关于全面推进行政事业单位内部控制建设的指导意见》之后，财政部等主管部门将我国行政事业单位内部控制的制度体系构建逐步放在了第一位。2017~2019年，财政部每年都会印发《关于开展××××年度行政事业单位内部控制报告编报工作的通知》。教育部门、公立医院等事业单位的内部控制建设也如火如荼。而同时期，有关上市公司财务报告内部控制的制度规范较少发布。这不能说明上市公司内部控制不重要，而是体现了当前我国上市公司财务报告内部控制的制度体系已趋完备。

第二部分

我国上市公司财务内部控制失效的概念与现状

第三章
我国上市公司财务报告内部控制失效概念界定与案例通览

本书最主要的研究目的在于从我国上市公司财务报告内部控制失效案例中找寻其失败的各种原因,并基于此提出防范财务报告内部控制失效的管理措施与政策建议。因此,财务报告内部控制失效案例的合理选择和科学确定就是本书继续开展深入研究的重要基础。本章首先对内部控制、财务报告内部控制、财务报告内部控制有效性、财务报告内部控制失效与财务舞弊、财务报告信息违规等相关概念进行界定,然后提出了符合我国国情特点的判定财务报告内部控制失效的评价标准,并以此为标准对我国上市公司财务报告内部控制失效的案例开展总体性的描述与分析,为下一阶段针对典型案例的细致分析奠定一个良好的基础。

第一节 我国上市公司财务报告内部控制失效的概念界定与度量标准

本节将首先对财务报告内部控制失效的相关概念展开分析和讨论,然后根据我国的现实情况,合理确定我国上市公司财务报告内部控制失效案例的选择标准。

一、财务报告内部控制失效的相关概念概述

对于何为财务报告内部控制失效,虽然目前学术界并没有十分明确的概念定义,但我们可以从内部控制、财务报告内部控制有效性等相关概念

中找到一些指引。

(一) 内部控制与财务报告内部控制

1. 内部控制的概念概述

"内部控制"概念的正式提出，要追溯到20世纪40年代末。1936年，美国会计师协会首次提出了内部控制的概念。1949年，美国注册会计师协会（American Institute of Certified Public Accountants，AICPA）发布了一份题为《内部控制：一种协调制度要素及其对管理当局和注册会计师的重要性》的专题报告，首次对内部控制进行了定义："内部控制是所制定的旨在保护资产、保证会计资料可靠性和完整性、提高经营效率、推动管理部门所制定的各项政策得以贯彻执行的组织计划和相互配套的各种方法及措施。"1958年，美国注册会计师协会发布的第29号审计程序公告将内部控制分为内部会计控制和内部管理控制。从上述的两个内部控制概念中可以发现，此阶段的内部控制有效性强调了对内部控制目标的实现，突出了管理效率的重要地位。进入20世纪80年代，内部控制的理论研究不断从一般性的概念向具体内容深化。1988年，美国注册会计师协会在其发布的《审计专责公告第55号》中首次以"内部控制结构"取代原有的"内部控制"，不再区分会计控制和管理控制，而是确立了一种控制结构，指出"企业内部控制结构包括为合理保证企业特定目标而建立的各种政策和程序"，并指出内部控制结构包括控制环境、会计制度和控制程序三个要素。

1992年，COSO发布了著名的《内部控制——整合框架》（1994年进行了局部修订），提出了内部控制结构概念并将其分为控制环境、风险评估、控制活动、信息与沟通和监控。COSO指出："内部控制系为达成某些特定目标而设计的过程。即内部控制是一种由企业董事会、管理阶层与其他人员执行，由管理人员阶层所设计为达成营运的效果及效率、财务报道的可靠性和相关法令的遵循提供合理保证的过程。"COSO提出的内部控制框架理论已在世界范围内得到广泛认可，成为内部控制领域最为权威的文献之一。2008年6月28日，我国财政部、证监会、审计署、银监会、保监会联合发布了《企业内部控制基本规范》。该《规范》认为："内部控制是由企业董事会、监事会、经理层和全体员工实施的、旨在实现控制目标的过程。"内部控制的目标是"合理保证企业经营管理合法合规、资产安全、财务报告及相关信息真实完整,提高经营效率和效果,促进企业实现发展战略"。从上述三个具有代表性的内部控制概念来看,目前的内部控制有效性在强调内部控制目标实现的同时,还注意到了内部控制的固有缺陷,用"合理保证"来说明内部控制目标实现程度的限度。

2. 财务报告内部控制概念概述

"财务报告内部控制"的概念首次出现于21世纪初,美国"安然""世通"等一系列经济丑闻的爆发促使美国国会和政府加速通过了SOX法案。2002年10月,美国证券交易委员会(Securities and Exchange Commission, SEC)发布的"33-8138号"提案中首次对财务报告内部控制进行了诠释,认为"财务报告内部控制的目的是确保公司设计的控制程序能为下列事项提供合理的保证:公司的业务活动经过合理的授权;保护公司的资产避免未经授权或不恰当地使用;公司的业务活动被恰当地记录并报告,从而保证上市公司的财务报表符合公认会计原则的编报要求"。2003年6月,SEC发布的《最终规则:管理层的财务报告内部控制报告和交易法案定期报告中披露的确认》(简称《最终规则》)中正式将财务报告内部控制定义为"由公司的首席执行官、首席财务官或者公司行使类似职权的人员设计或监管的,受公司董事会、管理层和其他人员影响的,为财务报告的可靠性、满足外部使用的财务报表的编制符合公认会计原则提供合理保证的控制程序"。

我国对财务报告内部控制的解释散见于内部控制的各项具体规定中。2008年5月,财政部、证监会、审计署、银监会、保监会五部委联合发布《企业内部控制基本规范》,规定内部控制目标之一是合理保证财务报告及相关信息真实完整;2010年4月,五部委发布的《企业内部控制评价指引》中规定,企业组织开展信息与沟通评价时应当以内部信息传递、财务报告、信息系统等相关应用指引为依据,对信息收集、处理和传递的及时性,以及反舞弊机制的健全性、财务报告的真实性等进行认定和评价;《企业内部控制审计指引》中规定,注册会计师应当对财务报告内部控制的有效性发表审计意见。

3. 内部控制与财务报告内部控制的关系

SEC在《最终规则》中指出:"财务报告内部控制是内部控制的子集。"从前文的概念界定中不难看出,从"保证会计数据的正确和可靠"到"保证财务报告的可靠性",财务报告内部控制自始至终都包含在内部控制的定义中。但在实务中,能否将财务报告内部控制从内部控制中剥离出来,作为一个单独的系统加以评价和审计,却是一个值得深思的问题。从横向来看,企业无法建立一个没有决策和执行过程的纯粹的财务报告内部控制制度,离开了决策和业务处理,账务处理系统的客观性就无法得到保障;从纵向来看,各内部控制制度之间的保障和支持联系也决定了企业无法从内部控制体系中划分出若干个制度来代表财务报告内部控制。风险导向审计和自上而下的审计决定了注册会计师的审计工作要涉及企业的各个层面,审计和监管当局采用财务报告内部控制的提法更多是为了限定审计师的责任范围,比如我国《企业内部控制配套指引》发布后,刘玉廷(2010)指出:"考虑到注册会计师在内部控制审计过程中的风险责任承担能力限制,该《指引》要求注册会计师针对企业财务报告内部控制有效性发表审计意见,而对相关审计过程中注意到的非财务报告内部控制重大缺陷,则要求其增加描述段予以说明。"在这里,不能说财务报告内部控制就等同于内部控制,但至少表明财务报告内部控制不能脱离内部控制而单独存在。

(二) 财务报告内部控制有效性与财务报告内部控制失效

1. 财务报告内部控制有效性

财务报告内部控制无法脱离内部控制而单独存在,财务报告内部控制的有效性同样与内部控制的有效性息息相关,内部控制的有效性存在制度观、结果观、过程观、决策观等几种主流观点。第一,内部控制有效性的"制度观"认为可以从能否解决问题及解决程度、制度的投入与产出以及制度实施前后带来的交易费用的对比来考察制度的有效性,进而理解内部控制有效性。第二,内部控制有效性的"结果观"就是指内部控制目标的实现程度。"结果观"指导建立一套评价体系来了解内部控制目标的实现程度,以内部控制的实际运行和理想目标之间的符合程度来衡量内部控制的有效性。第三,内部控制有效性的"过程观"强调内部控制制度设计与运行过程。第四,内部控制有效性的"过程观"认为,内部控制有效性应该能够反映出如下的信息含量:①内部控制系统当前的有效性和健全性程度,以及未来内部控制有效性和健全性的前景。②过去管理层为实现内部控制有效性和健全性所履行的受托责任程度。而满足上述信息含量,就势必要求内部控制有效性的概念要涵盖内部控制的结果有效和过程有效,即内部控制有效结果观和内部控制有效过程观的有机结合。

因此,从以上内部控制的有效性存在制度观、结果观、过程观、决策观四种观点来考察财务报告有效性,则可以引出三点基本认识:第一,以财务报告内部控制目标的实现程度来衡量财务报告内部控制有效性水平。第二,监控财务报告内部控制设计和实施的过程,来反映上市公司财务报告内部控制有效性。第三,从投资者的角度看,由于其无法深入公司内部去展开测试,其对财务报告内部控制有效性的衡量是建立在上市公司的内部控制信息披露质量的基础之上的,即注册会计师针对财务报告内部控制的有效性所出具的内部控制审计报告。

2. 财务报告内部控制失效

不同于财务报告内部控制有效性,财务报告内部控制失效是基于"结果观"的。财务报告内部控制失效的表现可能有多种形式,失效的原因也会涉及多个方面,但无论是会计信息失真、违法违纪还是出现其他错误与舞弊,无论是制度设计不全面、运行不合规还是人员配置不恰当、各方监督不力,当公司设计的控制程序不能为财务报告的可靠性、满足外部使用的财务报表的编制符合公认会计原则提供合理的保证时,财务报告内部控制就失去了它应有的效力。

(三) 财务报告内部控制失效与财务报告严重违规

财务报告作为投资者了解公司经营情况最重要的信息渠道,对投资者判断公司运营状况和发展前景具有很重要的参考价值。近年来,我国上市公司财务报告违规问题层出不穷,上市公司在法律、法规和会计准则允许的范围内利用一些财务手段粉饰财务报表,进行不同程度的财务造假。财务舞弊是一种故意的、有目的的、有预谋的、有针对性的财务造假和欺诈行为,是一种主动的、内发性的违规现象,涉及企业内部控制的各个要素,属于财务报告严重违规,这种严重违规使财务报告失去了可靠性。根据前文的表述,上市公司内部控制的目标之一就是合理保证企业财务报告及其相关信息的真实完整,当上市公司出现财务报告严重违规(财务舞弊)时,虽然不能直接说明其财务报告内部控制失效,即使在有效时,也可能由于内部控制的固有缺陷所导致。但如果出现了财务舞弊的公司,其内控的失效是基本确定的。同样地,在财务报告内部控制失效的情况下,无法合理保证财务报告及其相关信息的可靠性,极易导致错弊的出现。

二、我国上市公司财务报告内部控制失效的度量标准选择

(一)现有的选择标准:缺陷和审计否定意见

1. 现有的选择标准之一:财务报告内部控制缺陷

我国现有上市公司内部控制相关制度规范要求企业建立与实施有效的内部控制,提出企业应当对内部控制建立与实施情况进行监督检查,评价内部控制的有效性,发现内部控制缺陷。《企业内部控制基本规范》指出内部控制缺陷包括设计缺陷和运行缺陷;《企业内部控制评价指引》在谈及内部控制缺陷的认定时将其按影响程度进一步分为重大缺陷、重要缺陷和一般缺陷,并明确三种缺陷的概念,其中重大缺陷是指"一个或多个控制缺陷的组合,可能导致企业严重偏离控制目标",重要缺陷是指"一个或多个控制缺陷的组合,其严重程度和经济后果低于重大缺陷,但仍有可能导致企业偏离控制目标",一般缺陷是指"除重大缺陷、重要缺陷之外的其他缺陷"。企业存在内部控制缺陷表明企业内部控制制度的建立或者执行没有达到预期设定的标准,内部控制制度无法为内部控制目标的实现提供合理的保证,即内部控制失效。缺陷的影响程度也表明了内部控制的失效程度,重大缺陷影响程度最为严重,带来的经济后果最大,可能导致企业严重偏离控制目标,企业内部控制的失效程度也最高,重要缺陷次之,一般缺陷最为轻微。

2. 现有的选择标准之二:财务报告内部控制审计意见

在我国企业现实需要以及国外资本市场信息披露规则变革的共同影响下,我国上市公司内部控制审计制度正经历着重大变迁。表3-1对我国上市公司2007~2014年内部控制审计报告相关规范进行了总结。从表中我们可以发现,不管是沪市还是深市,我国对于上市公司披露由注册会计师作出的内部控制审计报告的要求由过去的自愿披露逐渐升级为强制披露、由小范围试点向全面要求转变。另外,对于内部控制审计业务的性质,根据美国公众公司会计监督委员会(PCAOB)发布的《与财务报表审计相结合

的财务报告内部控制审计》（简称 AS No.5），美国将此类业务定性为审计业务。在我国，从目前发布的相关规范以及审计实务来看，对于内部控制审计业务的定性由审核业务向审计业务转变，审计范围也界定为"财务报告内部控制"，这点符合内部控制鉴证业务的国际经验和发展趋势。

表 3-1 我国上市公司内部控制报告相关规范小结

年份	沪市		深市	
	范围	强制或自愿披露	范围	强制或自愿披露
2007	全部上市公司	自愿	全部上市公司	自愿
2008	全部上市公司	自愿	全部上市公司	自愿
2009	全部上市公司	自愿	全部上市公司	自愿
2010	全部上市公司	自愿	中小板和创业板上市公司	强制（每两年一次）
			其他上市公司	自愿
2011	境内外同时上市公司	强制	中小板和创业板上市公司	强制（每两年一次）
	其他上市公司	自愿	13家A+H和70家内控试点企业	强制
			其他上市公司	自愿
2012	境内外同时上市公司、主板上市的中央和地方国有控股上市公司	强制	13家A+H和70家内控试点企业；主板中央和地方国有控股上市公司	强制
	其他上市公司	自愿	其他上市公司	自愿
2013	境内外同时上市公司、主板上市的中央和地方国有控股上市公司以及符合条件的非国有控股上市公司	强制	13家A+H和70家内控试点企业；主板中央和地方国有控股上市公司，以及符合条件的非国有控股上市公司	强制
	其他上市公司	自愿	其他上市公司	自愿
2014~2020	全部上市公司	强制	全部上市公司	强制

(二) 我们的选择：内控审计否定意见

根据我国内部控制相关制度规范可知，度量我国上市公司财务报告内部控制是否失效存在内部控制缺陷和财务报告内部控制审计意见两个标准，若上市公司内部控制存在重大缺陷或者财务报告内部控制审计报告为否定意见，表明上市公司内部控制失效程度最高。在此，本书提出基于内部控制审计报告的内部控制失效度量标准：上市公司财务报告内部控制审计意见为否定意见。

我们认为，以"内部控制审计报告为否定意见"来度量内部控制失效有以下几点的适用性：第一，注册会计师在执行内部控制审计工作时要获取充分、适当的证据，配备具有专业胜任能力的项目组深入公司内部，对其认为存在风险的内部控制亲自进行测试，在发表审计意见前经过了独立、专业的判断，出具的意见类型更能令人们信服。第二，自2010年起，我国对于上市公司披露由注册会计师作出的内部控制审计报告的要求由过去的自愿披露逐渐升级为强制披露、由小范围试点向全面要求转变，不管是出于自愿还是制度强制，上市公司大都会公开披露其内部控制审计报告，故相关信息容易获取，本书从中选取内部控制审计报告为否定意见的样本作为研究案例也更容易被大众接受。第三，上市公司的内部控制审计意见是注册会计师在国家相关制度规范的要求下出具的，已经经过注册会计师的专业判断，没有必要另辟蹊径再重新设计其他度量标准，简化了本书财务报告内部控制失效的案例选择流程。第四，上市公司的内部控制审计报告中存在着注册会计师对内部控制缺陷的识别和评价，并且除了"注册会计师知悉对企业内部控制自我评价基准日内部控制有效性有重大负面影响的期后事项"外，上市公司内部控制审计为否定意见正是因为"注册会计师认为财务报告内部控制存在一项或多项重大缺陷"，即以"内部控制审计否定意见"为度量标准已包含另一个有关存在缺陷的企业财务报告内部控制失效度量标准，并且这种缺陷的影响程度是最为严重的。综上所述，选取内部控制审计被出具否定意见的上市公司作为案例样本以对上市公司内部控制失效情况进行后续研究，符合现有内部控制失效度量标准，结果又专业可靠，免去了重新设置度量标准所带来的额外的判断，从而可以将本书的研究重心聚焦在案例公司内部控制失效本身，较为符合案例撰写的初衷。

第二节 我国上市公司财务报告内部控制失效案例总体分析

本节将以注册会计师对上市公司财务报告内部控制鉴证意见为衡量标准，以 2010~2019 年沪深 A 股上市公司为样本，对中国上市公司财务报告内部控制失效案例的总体情况进行描述，并对这些案例公司财务报告内部控制的重大缺陷进行分类分析，最后进一步分析其中被证监会行政处罚过的上市公司的情况。数据来源于国泰安内部控制数据库和迪博内部控制数据库，并根据需要进行了手工数据整理与补充。

一、我国上市公司财务报告内部控制失效案例的描述性分析

根据上节对于中国上市公司财务报告内部控制鉴证的相关制度梳理，我们可以发现内部控制鉴证意见包括标准的无保留意见、带强调事项段的无保留意见、保留意见、否定意见和无法表示意见五种类型，其中鉴证意见为否定往往说明注册会计师认为上市公司财务报告内部控制存在一项或多项重大缺陷，或注册会计师知悉对企业内部控制自我评价基准日内部控制有效性有重大负面影响的期后事项，即在很大程度上表示上市公司内部控制制度设计或执行失效。本节以下部分将财务报告内部控制鉴证意见为否定意见等同于上市公司财务报告内部控制失效进行统计分析。数据表明，2010 年首次出现财务报告内部控制鉴证意见为否定意见，故本节选取 2010 年为研究起点。

（一）我国上市公司财务报告内部控制失效案例的年度分布

据统计，2010~2019 年沪深 A 股 3654 家上市公司累计披露财务报告内部控制鉴证报告 19837 份，其中财务报告内部控制鉴证意见为否定意见（即内部控制失效）的有 296 份，占总份数的 1.49%，涉及 212 家上市公司，占披露公司数量的 5.80%，并且财务报告内部控制失效占比逐年增加（见表 3-2）。

表 3-2 不同年度披露上市公司财务报告内部控制鉴证意见的情况

年度	财务报告内部控制鉴证报告披露数量（份）	财务报告内部控制鉴证意见为否定意见（即财务报告内部控制失效）的数量（份）	财务报告内部控制失效占比（%）
2010	625	1	0.16
2011	995	1	0.10
2012	1495	4	0.27
2013	1788	13	0.73
2014	2123	20	0.94
2015	2282	18	0.79
2016	2343	23	0.98
2017	2569	45	1.75
2018	2702	76	2.81
2019	2915	95	3.26
总计	19837	296	1.49
涉及公司数（家）	3654	212	5.80

（二）我国上市公司财务报告内部控制失效案例的交易所和板块分布

2010~2019 年 10 年间，沪市上市公司财务报告内部控制的失效占比高于深市且高于平均值，主板上市公司财务报告内部控制的失效占比高于其他板块且高于平均值，科创板的 6 份财务报告内部控制鉴证意见均为 2019 年披露，未出现否定意见（见表 3-3）。

表 3-3 不同交易所和板块披露上市公司财务报告内部控制鉴证意见的情况

项目		财务报告内部控制鉴证报告披露数量（份）	财务报告内部控制鉴证意见为否定意见（即财务报告内部控制失效）的数量（份）	财务报告内部控制失效占比（%）
不同交易所	沪市	8840	149	1.69
	深市	10997	147	1.34

续表

项目		财务报告内部控制鉴证报告披露数量（份）	财务报告内部控制鉴证意见为否定意见（即财务报告内部控制失效）的数量（份）	财务报告内部控制失效占比（%）
不同板块	沪市主板	8834	149	1.69
	深市主板	3620	73	2.02
	中小板	4731	66	1.40
	创业板	2646	8	0.30
	科创板	6	—	0
总计		19837	296	1.49
涉及公司数（家）		3654	212	5.80

（三）我国上市公司财务报告内部控制失效案例的地区分布

全国披露财务报告内部控制鉴证报告的31个省份中，黑龙江省上市公司的财务报告内部控制失效占比最高达6.80%，是均值（1.49%）的4.56倍；内蒙古自治区上市公司披露的169份财务报告内部控制鉴证报告中未出现财务报告内部控制失效的情况。全国有16个省份的上市公司财务报告内部控制失效占比高于均值，省份占比超过半数（见表3-4）。

表3-4 不同地区披露上市公司财务报告内部控制鉴证意见的情况

省份	财务报告内部控制鉴证报告披露数量（份）	财务报告内部控制鉴证意见为否定意见（即财务报告内部控制失效）的数量（份）	财务报告内部控制失效占比（%）
黑龙江省	250	17	6.80
广西壮族自治区	244	12	4.92
宁夏回族自治区	85	4	4.71
海南省	206	9	4.37
青海省	85	3	3.53
辽宁省	490	17	3.47
甘肃省	202	7	3.47

续表

省份	财务报告内部控制鉴证报告披露数量（份）	财务报告内部控制鉴证意见为否定意见（即财务报告内部控制失效）的数量（份）	财务报告内部控制失效占比（%）
山西省	269	8	2.97
新疆维吾尔自治区	342	10	2.92
吉林省	297	8	2.69
河南省	539	14	2.60
西藏自治区	84	2	2.38
湖北省	659	15	2.28
云南省	242	5	2.07
天津市	321	6	1.87
四川省	650	12	1.85
山东省	1115	16	1.43
上海市	1561	21	1.35
浙江省	1911	25	1.31
贵州省	173	2	1.16
湖南省	608	6	0.99
江苏省	1846	18	0.98
广东省	2855	27	0.95
安徽省	638	6	0.94
河北省	359	3	0.84
江西省	249	2	0.80
福建省	667	5	0.75
北京市	2086	13	0.62
陕西省	325	2	0.62
重庆市	310	1	0.32
内蒙古自治区	169	0	0.00
总计	19837	296	1.49

(四) 我国上市公司财务报告内部控制失效案例的行业分布

在按照 2012 年版本证监会行业分类的 18 个行业的上市公司中，农、林、牧、渔业上市公司的财务报告内部控制失效占比最高达 4.60%，是均值（1.49%）的 3.08 倍；科学研究和技术服务业上市公司披露的 171 份财务报告内部控制鉴证报告中未出现财务报告内部控制失效的情况。另外，制造业上市公司披露的财务报告内部控制鉴证报告数量最多，财务报告内部控制鉴证意见为否定意见（即财务报告内部控制失效）的数量也最多，但其财务报告内部控制失效占比略低于均值（见表 3-5）。

表 3-5 不同行业披露上市公司财务报告内部控制鉴证意见的情况

行业	财务报告内部控制鉴证报告披露数量（份）	财务报告内部控制鉴证意见为否定意见（即财务报告内部控制失效）的数量（份）	财务报告内部控制失效占比（%）
农、林、牧、渔业	261	12	4.60
采矿业	530	16	3.02
综合	133	4	3.01
教育	41	1	2.44
信息传输、软件和信息技术服务业	1309	28	2.14
房地产业	923	18	1.95
批发和零售业	1082	19	1.76
租赁和商务服务业	293	5	1.71
卫生和社会工作	65	1	1.54
制造业	11626	163	1.40
文化、体育和娱乐业	308	4	1.30
交通运输、仓储和邮政业	717	9	1.26
住宿和餐饮业	80	1	1.25
电力、热力、燃气及水生产和供应业	767	9	1.17
建筑业	543	3	0.55

续表

行业	财务报告内部控制鉴证报告披露数量（份）	财务报告内部控制鉴证意见为否定意见（即财务报告内部控制失效）的数量（份）	财务报告内部控制失效占比（%）
水利、环境和公共设施管理业	270	1	0.37
金融业	718	2	0.28
科学研究和技术服务业	171	0	0.00
总计	19837	296	1.49

（五）我国上市公司财务报告内部控制失效案例出现的次数

在2010~2019年被出具过财务报告内部控制鉴证否定意见的212家上市公司中，有149家公司被出具过1次否定意见，其中8家公司［新都退（000033）、中弘退（000979）、众和退（002070）、印纪退（002143）、大宝退（002220）、天茂退（002509）、金亚退（300028）、退市华业（600240），占比5.37%］现已退市，并且中弘退（000979）、印纪退（002143）、天宝退（002220）、天茂退（002509）4家公司是在被出具财务报告内部控制鉴证否定意见的次年退市；有46家公司被出具过2次否定意见，其中8家公司［神城A退（000018）、雏鹰退（002477）、龙力退（002604）、千山退（300216）、退市银鸽（600069）、退市海润（600401）、上普（600680*ST）、退市锐电（601558），占比17.39%］现已退市，并且雏鹰退（002477）和退市银鸽（600069）2家公司是在最后一次被出具财务报告内部控制鉴证否定意见的次年退市；有13家公司被出具过3次否定意见，其中4家公司［华泽退（000693）、退市保千（600074）、退市大控（600747）、退市昆机（600806），占比30.77%］现已退市，并且除华泽退（000693）外的其余3家均是在最后一次被出具财务报告内部控制鉴证否定意见的次年退市；有4家公司被出具过4次否定意见，其中烯碳退（000511）在最后一次被出具财务报告内部控制鉴证否定意见的次年退市（占比25%）。由此可见，上市公司被出具财务报告内部控制鉴证否定意见（即内部控制失效）的次数越多，上市公司退市的可能性就越大（见表3-6）。

第三章
我国上市公司财务报告内部控制失效概念界定与案例通览

表3-6 被出具财务报告内部控制鉴证否定意见（即内部控制失效）的次数统计

被出具财务报告内部控制鉴证否定意见（即财务报告内部控制失效）的次数	公司数	公司代码	失效年份（数量）
1	149	002200	2010（1）
		000756	2011（1）
		000833、300277	2012（2）
		002422、002506、600315、600368、600469、600966、601168	2013（7）
		000033（退市）、000668、002694、600234、600575、600732、600779、601003	2014（8）
		000020、002715、300028（退市）、300399、600093、600281、600742、601118、603227	2015（9）
		000789、000800、002207、002490、600556、600654、600730、600892	2016（8）
		000409、000417、000636、000979（失效次年退市）、000995、002070（退市）、002188、002427、002513、002650、600165、600238、600313、600526、600532、600792、601798、601880	2017（18）
		000048、000971、000981、002071、002089、002113、002122、002143（失效次年退市）、002147、002259、002263、002356、002359、002445、002456、002499、002501、002586、002606、002629、002699、002711、002716、002766、600119、600221、600240（退市）、600462、600525、600610、600615、600666、600687、600715、600856、601258、603101、603619	2018（38）
		000413、000525、000564、000616、000620、000663、000687、000980、002072、002085、002086、002121、002173、002198、002210、002220（失效次年退市）、002224、002247、002256、002366、002435、002450、002464、002473、002509（失效次年退市）、002535、002681、002740、002770、300089、600080、600090、600121、600146、600215、600226、600242、600247、600290、600300、600358、600387、600545、600589、600599、600638、600717、600738、600781、600816、601113、601218、601777、603555、603603、603779、603991	2019（57）

续表

被出具财务报告内部控制鉴证否定意见（即财务报告内部控制失效）的次数	公司数	公司代码	失效年份（数量）
2	46	600598	2012，2013（1）
		000652、601558（退市）	2013，2014（2）
		300167	2013，2019（1）
		600423	2014，2015（1）
		600408、600696	2014，2016（2）
		600145、600671	2014，2019（2）
		000691、000798	2015，2016（2）
		000670	2015，2019（1）
		600401（退市）、600680（退市）	2016，2017（2）
		000018（退市）、000982、002477（最后一次失效次年退市）、002604（退市）、600172、600634、600651、600807	2017，2018（8）
		002069、002175、002700、300216（最后一次失效次年退市）	2017，2019（4）
		000408、000571、000587、000662、000752、000806、000835、002470、600069（最后一次失效次年退市）、600083、600086、600112、600179、600255、600515、600518、600555、600568、600614、603996	2018，2019（20）
3	13	600800	2012，2013，2016（1）
		600403	2013，2014，2015（1）
		600806（最后一次失效次年退市）	2014，2016，2017（1）
		600677	2014，2016，2019（1）
		000693（退市）	2015，2016，2017（1）
		600747（最后一次失效次年退市）	2016，2017，2018（1）
		000760、000820、000939、600074（最后一次失效次年退市）、600289、600485、600701	2017，2018，2019（7）

续表

被出具财务报告内部控制鉴证否定意见（即财务报告内部控制失效）的次数	公司数	公司代码	失效年份（数量）
4	4	000403、000511（最后一次失效次年退市）	2014，2015，2016，2017（2）
		600891	2015，2016，2018，2019（1）
		000506	2016，2017，2018，2019（1）

二、我国上市公司财务报告内部控制失效案例的内部控制重大缺陷分析

上市公司被出具财务报告内部控制鉴证否定意见（即内部控制失效）绝大多数是因为注册会计师认为该公司财务报告内部控制存在一项或多项重大缺陷，本部分将进一步分类分析这些财务报告内部控制失效案例公司财务报告内部控制的重大缺陷。

（一）我国上市公司财务报告内部控制失效案例的内部控制重大缺陷个数分布

经统计，2010~2019年，被出具财务报告内部控制鉴证否定意见（即财务报告内部控制失效）的上市公司均存在一项或多项重大缺陷。反观上市公司出具的内部控制评价报告所披露的缺陷类型，有12家公司未披露内部控制缺陷，其余的上市公司中，88.03%的公司内部控制评价报告中都披露了重大缺陷，有34家上市公司披露的内部控制缺陷性质未达到重大缺陷（见表3-7）。

表3-7 不同年份披露内部控制缺陷公司数量情况　　　　单位：家

年份	未披露	一般缺陷	重要缺陷	重大缺陷	小计
2010	—	—	—	1	1

续表

年份	未披露	一般缺陷	重要缺陷	重大缺陷	小计
2011	—	—	—	1	1
2012	1	1	1	1	4
2013	1	2	1	9	13
2014	1	2	1	16	20
2015	1	3	—	14	18
2016	3	1	—	19	23
2017	1	4	1	39	45
2018	—	12	1	63	76
2019	4	4	—	87	95
总计	12	29	5	250	296
占比（%）	4.05	9.80	1.69	84.46	100.00
占披露内控评价报告公司百分比（%）	—	10.21	1.76	88.03	100.00

（二）我国上市公司财务报告内部控制失效案例的内部控制重大缺陷要素分布

根据注册会计师对上市公司财务报告内部控制鉴证意见，将内部控制失效案例公司的重大缺陷按内部控制五要素进行手工分类。结果表明，上市公司在内部环境和控制活动两个要素上最可能存在缺陷，并且上市公司存在的内部控制重大缺陷往往不会只涉及内部控制的单个要素，即上市公司内部控制重大缺陷是多个要素累加的结果（见表3-8）。

表3-8 我国上市公司财务报告内部控制失效公司的内部控制缺陷按内部控制要素分类

要素	数量（家）	占比（%）
内部环境缺陷	234	79.05
风险评估缺陷	183	61.82
控制活动缺陷	257	86.82

续表

要素	数量（家）	占比（%）
信息与沟通缺陷	180	60.81
内部监督缺陷	201	67.91

资料来源：基础信息来自 CSMAR 数据库和迪博数据库，手工分类。

（三）我国上市公司财务报告内部控制失效案例的内部控制重大缺陷的其他分布

与按内部控制五要素分类相似，上市公司财务报告内部控制失效案例公司的内部控制重大缺陷按照其他依据进行分类，子类别之间均会有交叉，即重大缺陷并不是单一因素所导致的。将内部控制失效案例公司的重大缺陷按缺陷成因、认定标准、缺陷内容、缺陷层面等进行分类可以发现，其重大缺陷多存在于运行、财报与业务层面，有少量的公司存在会计准则应用缺陷、会计记账或记录错误、财务造假、违规或虚假陈述，下一部分将对涉及违规（被证监会行政处罚过）的上市公司作进一步分析。

表 3-9 我国上市公司财务报告内部控制失效公司的内部控制缺陷按其他依据分类

分类依据		数量（家）	占比（%）
缺陷成因	设计缺陷	41	13.85
	运行缺陷	290	97.97
认定标准	财报缺陷	292	98.65
	非财报缺陷	62	20.95
缺陷内容	是否存在会计准则应用缺陷	71	23.99
	是否存在会计记账或记录错误	41	13.85
	是否存在财务造假、违规或虚假陈述	40	13.51
缺陷层面	公司层面	124	41.89
	业务层面	268	90.54
	信息系统层面	7	2.36

资料来源：基础信息来自 CSMAR 数据库和迪博数据库。

三、我国上市公司财务报告内部控制失效案例被行政处罚情况

（一）我国上市公司财务报告内部控制失效案例公司被行政处罚的总体分布

查阅证监会 2010~2021 年 1 月发布的行政处罚决定书，发现在统计时间段内，中国上市公司财务报告内部控制失效案例公司共有 49 家被证监会行政处罚，总计 68 次。其间案例公司被证监会行政处罚的次数不等，被处罚 1 次的有 38 家，被处罚 2 次的有 7 家，被处罚 3 次的有 2 家，华泽退（000693）在统计期间被证监会行政处罚了 4 次，天下秀（600556）在统计期间被证监会行政处罚次数最多，高达 6 次。案例公司被行政处罚前已经违规的年数不等，短则 1~2 年，长则 10 年以上，节能（000820＊ST）在被证监会行政处罚前已有 11 年违规记录。多数行政处罚是在案例公司内部控制失效的当年或之后年份出具的，即上市公司内控失效当年不一定会被证监会处罚，证监会的行政处罚具有一定的滞后性（见表 3-10）。

表 3-10　我国上市公司财务报告内部控制失效案例被行政处罚的总体分布

股票代码	财务报告内部控制失效年份	被处罚次数	被处罚时间	文号
000048	2018	1	2020-02-17	〔2020〕3 号
000403	2014，2015，2016，2017	1	2014-12-15	〔2014〕104 号
000409	2017	1	2019-06-17	〔2019〕58 号
000511	2014，2015，2016，2017	1	2017-12-19	〔2017〕105 号
000691	2015，2016	2	2011-11-09，2016-01-26	〔2011〕48 号，〔2016〕12 号
000693	2015，2016，2017	4	2010-02-11，2018-01-23，2019-06-19，2019-06-19	〔2010〕8 号，〔2018〕8 号，〔2019〕60 号，〔2019〕61 号
000806	2018，2019	1	2011-05-25	〔2011〕19 号
000820	2017，2018，2019	1	2012-08-31	〔2012〕42 号

续表

股票代码	财务报告内部控制失效年份	被处罚次数	被处罚时间	文号
000939	2017，2018，2019	2	2020-03-27，2020-05-07	〔2020〕9号，〔2020〕19号
000971	2018	1	2010-02-11	〔2010〕7号
000979	2017	1	2010-04-06	〔2010〕15号
002069	2017，2019	1	2020-06-15	〔2020〕29号
002072	2019	2	2019-10-31，2020-06-04	〔2019〕119号，〔2020〕26号
002122	2018	1	2019-10-31	〔2019〕120号
002200	2010	1	2013-05-13	〔2013〕23号
002256	2019	1	2012-05-24	〔2012〕20号
002422	2013	1	2014-05-21	〔2014〕49号
002427	2017	1	2020-10-15	〔2020〕80号
002473	2019	1	2018-05-08	〔2018〕33号
002490	2016	1	2017-09-21	〔2017〕87号
002506	2013	1	2015-05-26	〔2015〕10号
002535	2019	1	2020-08-06	〔2020〕49号
002715	2015	1	2017-05-31	〔2017〕60号
002766	2018	1	2020-12-08	〔2020〕105号
300028	2015	1	2018-03-01	〔2018〕10号
300216	2017，2019	2	2019-05-16，2020-07-13	〔2019〕35号，〔2020〕32号
300277	2012	1	2014-11-14	〔2014〕94号
300399	2015	1	2016-06-27	〔2016〕81号
600074	2017，2018，2019	2	2017-08-09，2019-12-03	〔2017〕78号，〔2019〕141号
600086	2018，2019	1	2020-09-09	〔2020〕62号
600112	2018，2019	1	2018-11-19	〔2018〕112号
600145	2014，2019	1	2010-04-06	〔2010〕14号
600247	2019	3	2017-03-13	〔2017〕23~25号

续表

股票代码	财务报告内部控制失效年份	被处罚次数	被处罚时间	文号
600403	2013，2014，2015	1	2017-04-28	〔2017〕40号
600518	2018，2019	1	2020-05-13	〔2020〕24号
600556	2016	6	2014-11-15，2017-05-12，2017-11-10	〔2014〕95号，〔2017〕47~50号，〔2017〕95号
600575	2014	1	2015-07-23	〔2015〕21号
600598	2012，2013	1	2016-08-18	〔2016〕102号
600610	2018	1	2019-06-17	〔2019〕57号
600654	2016	1	2019-05-27	〔2019〕44号
600671	2014，2019	2	2011-01 06，2013-12-11	〔2011〕2号，〔2013〕69号
600680	2016，2017	1	2019-06-28	〔2019〕65号
600696	2014，2016	3	2017-05-12	〔2017〕51~53号
600730	2016	1	2017-05-05	〔2017〕41号
600781	2019	1	2020-10-20	〔2020〕79号
600806	2014，2016，2017	2	2017-02-04，2018-02-05	〔2017〕18号，〔2018〕9号
600807	2017，2018	1	2019-10-21	〔2019〕109号
601258	2018	1	2018-07-03	〔2018〕50号
601558	2013，2014	1	2015-11-05	〔2015〕66号

（二）我国上市公司财务报告内部控制失效案例公司被行政处罚的行业分布

我国上市公司财务报告内部控制失效案例公司中被行政处罚的49家公司涉及10个行业。制造业公司被证监会行政处罚的最多达27家，占全部被处罚公司数的一半以上（55.10%），但由于制造业总体公司数量较多（2276家），故其被行政处罚的行业占比相对较低，为1.19%；而教育行业由于其上市公司总体数量较少（8家），虽然其中仅一家公司被证监会行政处罚过,但其行业占比高达 12.50%(见表 3-11)。

表 3-11 我国上市公司财务报告内部控制失效案例公司被行政处罚的行业分布

行业	被证监会行政处罚公司数(家)	行业总公司数(家)	被行政处罚公司数占比(%)	被行政处罚行业占比(%)
制造业	27	2276	55.10	1.19
信息传输、软件和信息技术服务业	6	278	12.24	2.16
房地产业	4	124	8.16	3.23
农、林、牧、渔业	3	43	6.12	6.98
采矿业	2	77	4.08	2.60
电力、热力、燃气及水生产和供应业	2	113	4.08	1.77
批发和零售业	2	166	4.08	1.20
交通运输、仓储和邮政业	1	106	2.04	0.94
教育	1	8	2.04	12.50
综合	1	18	2.04	5.56
合计	49	3209	100.00	1.53

(三)我国上市公司财务报告内部控制失效案例公司被行政处罚的原因分布

上市公司可能由于多种原因被证监会行政处罚,分析中国上市公司财务报告内部控制失效案例公司被行政处罚的原因可知,案例公司被行政处罚的 68 次中,大多数案例公司被证监会行政处罚的原因包含虚假记载(误导性陈述)(57.35%)、推迟披露(54.41%)或重大遗漏(47.06%),有一家公司"天下秀(300277)"曾因欺诈上市被证监会行政处罚(见表 3-12)。

表 3-12 我国上市公司财务报告内部控制失效案例公司被行政处罚的原因分布

被证监会行政处罚的原因	被证监会行政处罚次数	被行政处罚总次数占比(%)
虚假记载(误导性陈述)	39	57.35
推迟披露	37	54.41

续表

被证监会行政处罚的原因	被证监会行政处罚次数	被行政处罚总次数占比（%）
重大遗漏	32	47.06
虚构利润	21	30.88
其他	17	25.00
占用公司资产	6	8.82
虚列资产	3	4.41
一般会计处理不当	2	2.94
披露不实（其他）	1	1.47
欺诈上市	1	1.47
违规担保	1	1.47

第三部分

我国上市公司财务报告内部控制失效的典型案例

第四章

我国上市公司财务报告内部控制失效典型案例分析：沪市主板篇

据第三章的相关统计，从 2010 年至 2019 年底，沪市主板上市公司财务报告内部控制鉴证意见为否定意见的数量为 149 家，占沪市主板披露财务报告内部控制鉴证意见的公司总数的比重为 1.69%。上述公司中，又被中国证监会行政处罚的公司共 21 家（共涉及 33 次行政处罚），占沪市主板上市公司财务报告内部控制鉴证意见为否定意见总数的比重约为 14.1%。本章将从上述 21 家公司中，以涉案金额、影响程度等条件，筛选出 3 家典型的沪市主板上市公司财务报告内部控制失效典型案例展开分析。

第一节 华锐风电财务报告内部控制失效案例分析

本节首先对华锐风电的各个方面进行较为详细的说明；然后从其财务报告内部控制自我评价、审计以及中国证监会对其财务报告信息披露等问题的行政处罚决定等多方面，呈现其财务报告内部控制失效的事实；最后在上述信息的基础上，对华锐风电财务报告内部控制失效的特征展开分析与讨论。

一、华锐风电公司面面观

鉴于华锐风电的财务报告内部控制审计意见被审计师出具"否定意见"的时间是 2013 年和 2014 年，以及该公司被中国证监会行政处罚确定的虚假财务信息披露行为发生的时间是 2011 年，同时，上述情况的前因后果又有多年的影响，因此我们重点对 2010~2015 年该公司的各方面展开介绍。

（一）华锐风电公司简介

华锐风电，全称"华锐风电科技（集团）股份有限公司"。根据该公司于 2010 年 12 月公布的《华锐风电首次公开发行 A 股股票招股说明书》，该公司设立于 2006 年 2 月 9 日，原名为"华锐风电科技有限公司"，由大重成套、新能华起等 5 家法人单位出资设立。

2011 年 1 月 13 日，公司股票在上海证券交易所上市交易，股票代码（SH 601558）。华锐风电创始人韩俊良任公司第一任董事长、法定代表人。同年 1 月 31 日以 90 元打破 A 股纪录的最高发行价上市，市值达到 900 亿元。那时，根据公司的年报，公司已是全球第二大风机企业，其营业收入、净利润两项指标分别比当时的行业第二"金风科技"高出 20% 和 65%，在手订单总量更是"金风科技"的 3 倍。

上市两年后，2013 年 4 月 20 日，公司发布《前期会计差错更正的公告》，对 2011 年年报进行追溯调整。其中，公司对资产调减 2.0%，总额达 6.9 亿元；负债调减 2.4%，总额达 5.11 亿元；净利润调减幅度更是高达 22.8%。

2013 年 5 月 31 日，中国证监会对华锐风电涉嫌虚增收入、虚转成本、虚增利润等违法违规行为正式立案调查。

之后，华锐风电陷入危机，一蹶不振，2014 年 5 月被戴"ST"的帽子。此后，虽然公司为防止被暂停交易或退市采取了一系列的措施，但依然是大势已去。2015 年 11 月 5 日，中国证监会发布了对华锐风电的行政处罚决定书。经调查，华锐风电造假 2.78 亿元，生产、客服和财务部门集体参与了造假，韩俊良则被视为策划者。2016 年年度报告后，华锐风电股票被实施退市风险警示的特别处理，从而又被戴上了"*ST"标记。之后公司股价一直下行。2020 年 4 月 30 日，由于公司股票连续 20 个交易日的每日收盘价均低于股票面值（1 元），上交所决定终止公司股票上市。2020 年 7 月 2 日，公司股票予以摘牌，公司股票终止上市。

（二）华锐风电公司的行业基本面

据该公司网站、招股说明书以及相关年度的年报，该公司是中国第一家开发、设计、制造和销售适应不同风资源和环境条件的陆地、海上和潮间带大型风电机组的高新技术企业。1997年，中国作为缔约国签订了限制温室气体排放的《京都议定书》。发展风电是减排的重要手段之一，但中国当时80%以上的风电设备由外商供应。为了在减排的同时拉动经济，发改委规定风电站的设备国产化率必须达到70%以上。在此政策推动下，华锐风电得到了快速发展。公司2008~2009年连续两年保持中国市场占有率第一。然而，据媒体报道，2010~2011年，全国发生多起风机事故，外界对风电的安全性提出质疑，之后国家强制提高风机制造标准并严控项目审批，一方面增加了制造成本，另一方面减少了企业订单，让不少企业叫苦不迭。同时，由于火电往往比风电更能拉动地方短期经济，因此风电对于火电的冲击导致了一些地方出台了一些限制风电发展的政策。

华锐风电曾经高度依赖的政策优势，却慢慢开始变成了政策利空。根据华锐风电2011年年报中的"董事会报告"，自2011年起国内风电行业进入调整期，风电企业遇到了前所未有的困难和挑战。行业内主机厂家一度超过90家，产能明显过剩；银监会通过窗口指导将风机制造行业作为产能过剩行业而影响企业融资。2012年年报中的"董事会报告"仍然沿袭了2011年对于行业基本面的描述。之后的2013~2014年年报中的"董事会报告"对于行业基本面的判断基本没有本质的变化。

进入2015年，随着《巴黎协定》的签署，标志着以化石能源为主的全球能源结构向以风电、光伏、核电为代表的新能源转变将不可逆转，以风电、光伏、核电为代表的绿色能源将具有持续而广阔的发展空间。

综上所述，从行业背景来看，2010~2014年，华锐风电经历了一次行业政策的重大变化。由于国内风电产能过剩，其之前所享受的政策红利逐渐成为公司发展的政策阻碍。2015年以后，随着《巴黎协定》的签署，风电行业开始逐步复苏。

（三）华锐风电公司的财务指标面

1. 华锐风电盈利能力财务比率情况

根据华锐风电的历年年报，我们可以得到该公司2010~2015年度的主要盈利能力财务指标，如表4-1所示。从该表中可以看出，华锐风电的主要盈利能力指标自2011年上市以来呈现明显的下滑态势。虽然在2014年勉强扭亏为盈（每股收益仅仅是 1 分钱），但其余年份均为大幅亏损。连年的亏损也导致公司的每股净资产不断下滑。从该公司的销售毛利率来看，产品的市场竞争力并不高，看不出其产品所具有的高科技含量。从这点也能反映出该公司的产品更多是采购元器件组装而来，因此缺少自己的核心竞争力。从该公司的销售费用率来看，自 2012 年开始就不断攀升，2015 年甚至高达 77.15%。

表 4-1 华锐风电盈利能力指标

年度	2010	2011	2012	2013	2014	2015
每股收益（元/股）	3.17	0.39	-0.14	-0.86	0.01	-0.74
每股净资产（元/股）	5.33	6.90	3.06	2.27	1.46	0.71
净资产收益率（平均）（%）	77.52	5.63	-4.37	-32.17	0.92	-68.18
销售毛利率（%）	20.63	16.29	4.55	6.68	12.88	9.59
销售费用率（%）	1.24	2.84	17.09	32.35	12.95	77.15

2. 华锐风电营运能力财务比率情况

根据华锐风电的历年年报，我们可以得到该公司 2010~2015 年度的主要营运能力财务指标，如表 4-2 所示。由该表可以看出，华锐风电的主要营运能力指标也在上市以后逐年下降。除了在 2014 年稍有好转，2015 年之后又进入了另一个下降的通道。存货周转率和应收账款周转率均与产品的销售有关，它们的表现和华锐风电盈利能力的低下是相符的。

表 4-2 华锐风电营运能力指标   单位：次

年度	2010	2011	2012	2013	2014	2015
存货周转率	1.69	0.87	0.43	0.43	0.49	0.29
应收账款周转率	3.15	1.00	0.39	0.39	0.47	0.24
总资产周转率	0.89	0.33	0.13	0.14	0.18	0.09

3. 华锐风电偿债能力财务比例情况

根据华锐风电的历年年报，我们可以得到该公司 2010~2015 年度的主要偿债能力财务指标,如表4-3所示。该表显示,华锐风电的流动比率均小于传统达标值,而且在2015年下降程度比较大。同时,该公司整体负债中,短期的流动负债比例大多数都大于80%,这表明该公司的短期偿债负担比较重。

表4-3 华锐风电偿债能力指标

年度	2010	2011	2012	2013	2014	2015
流动比率	1.25	1.97	1.94	1.78	1.85	1.34
速动比率	0.73	1.42	1.27	1.15	1.13	0.96
资产负债率(%)	83.24	59.73	57.06	62.07	49.61	67.63
流动负债/负债合计(%)	90.43	80.75	79.15	77.83	91.61	89.61

二、华锐风电财务报告内部控制失效的证据陈述

华锐风电财务报告内部控制失效可以从审计师所出具的公司内部控制的审计意见以及中国证监会对其财务报告虚假信息披露的行政处罚中得到证实。以下我们将结合华锐风电所披露的中国证监会的行政处罚决定书、内部控制审计报告、内部控制自我评价报告,陈述该公司财务报告内部控制失效的事实。

(一)华锐风电财务报告内部控制失效证据:中国证监会行政处罚决定

2015年11月5日,中国证监会发布了对华锐风电的行政处罚决定书。在该决定书中对该公司2011年度的财务报告信息披露违法行为的事实进行了认定,并提出了相应的处罚决定。中国证监会出具的行政处罚决定书指出,"为粉饰上市首年业绩,在韩俊良安排下,华锐风电财务、生产、销售、客服四个部门通过伪造单据等方式提前确认收入,在2011年度提前确认风电机组收入413台,对2011年度财务报告的影响为:虚增营业收入2431739125.66元、营业成本2003916651.46元,多预提运费31350686.83元,多计提坏账118610423.77元,虚增利润总额277861363.60元,占2011

年利润总额的 37.58%"。

(二) 华锐风电财务报告内部控制失效证据：内部控制审计意见

2014 年 4 月 28 日，由瑞华会计师事务所出具的 2013 年度"华锐风电内部控制审计报告"，以及 2015 年 4 月 26 日由中汇会计师事务所出具的 2014 年度"华锐风电内部控制审计报告"均对该公司的财务报告内部控制出具了"否定审计意见"。

1. 华锐风电 2013 年度财务报告内部控制重大缺陷与审计意见

2014 年 4 月 28 日，瑞华会计师事务所出具了否定意见的 2013 年度"华锐风电内部控制审计报告"。在该审计报告中，会计师指出："在本次内部控制审计中，我们注意到华锐风电公司的财务报告内部控制存在以下重大缺陷：华锐风电公司未对存货等实物资产实施有效控制，造成存货等实物资产与账面记录存在重大不一致。"

2. 华锐风电 2014 年度财务报告内部控制重大缺陷与审计意见

2015 年 4 月 26 日，中汇会计师事务所出具了否定意见的 2014 年度"华锐风电内部控制审计报告"。审计报告指出："在本次内部控制审计中，我们注意到华锐风电公司的财务报告内部控制存在以下重大缺陷：华锐风电公司未对部分实物资产的出入库实施有效控制，致使部分实物资产的出、入库信息与财务账簿记录不同步。"

(三) 华锐风电财务报告内部控制失效证据：内部控制自我评价报告

1. 华锐风电 2011 年度内部控制自我评价报告

虽然华锐风电并没有披露 2011 年度的内部控制自我评价报告，但在其 2011 年报中，公司董事会认定："公司董事会已按照《企业内部控制基本规范》要求对财务报告相关内部控制进行了评价，并认为其在 2011 年 12 月 31 日有效。"

针对公司内部控制制度的建立健全情况，该公司 2011 年报指出："截至报告期末，公司未发现存在内部控制设计或执行方面的重大缺陷。公司现有内部控制制度基本能够适应公司管理的要求，能够为编制真实、完整、公允的财务报表提供合理保证，能够为公司各项业务活动的健康运行及国家有关法律、法规和公司内部规章制度的贯彻执行提供保证，能够保护公司资产的安全、完整。另外，内部控制制度是一项长期而持续的系统工作，公司将继续完善内部控制制度，促进业务流程精细化，不断强化公司内部控制。"

2. 华锐风电 2012 年度内部控制自我评价报告

该公司没有披露其 2012 年度的内部控制自我评价报告，但在其 2012 年度报告中，涉及了相关内部控制有效性的表述。例如，在年报第九节"内部控制"中，公司指出"公司 2011 年度会计差错事项，显示出公司在内部控制制度执行方面需要进一步加强"。

2013 年 3 月 7 日，华锐风电公告自查发现 2011 年年报多报净利润 1.68 亿元。4 月 11 日，北京证监局将该差错定性为"虚增利润"。因此，2012 年年报中的以上陈述，反映了此所谓的"会计差错事项"对该公司财务报告内部控制失效的影响。

3. 华锐风电 2013 年度内部控制自我评价报告

该公司于 2014 年 4 月 30 日披露了 2013 年度的"内部控制自我评价报告"。报告指出："公司在 2013 年下半年进行存货盘点过程中，发现存货管理涉及的出入库管理环节未按照存货管理相关制度有效执行，存货盘点发现实物资产与账面记录存在很大差异……故公司认为存货管理制度的执行存在重大缺陷。"

4. 华锐风电 2014 年度内部控制自我评价报告

该公司于 2015 年 4 月 28 日披露了 2014 年度的内部控制自我评价报告。报告指出："相关存货账实不同步情况严重，存在存货管理制度执行方面的重大缺陷。"

（四）华锐风电财务报告内部控制失效证据的小结

根据证明力的大小来排序，显然中国证监会对于华锐风电的行政处罚决定是对该公司财务报告内部控制在 2013 年度失效的最有力证据。然而，我们发现，该公司在 2011 年度的内部控制自我评价中，还自我认定内部控制有效，无重大缺陷。直到"纸包不住火"的时候，才在 2012 年度的自我评价中承认其存在涉及"重大会计差错"的内部控制重大缺陷。正如证监会的处分决定书所述，华锐风电在上市之后，就开展了一场有预谋、有策划、有组织、全面的财务舞弊，情节严重，性质恶劣。根据随后 2013 年度和 2014 年度的内部控制审计报告以及内部控制自我评估报告,我们可以发现,该公司财务报告内部控制的失效状态一直延续,其内部控制重大缺陷也基本上延续了 2011 年财务造假中所涉及的"存货管理"问题。

综上所述,我们认为,华锐风电财务报告内部控制在 2011~2014 年处在失效(或者失效的边缘)状态。

表 4-4 华锐风电财务报告内部控制失效证据小结

年度	中国证监会的处罚决定	内部控制审计意见及重大缺陷	内部控制自我评价结论及缺陷
2011	2011 年度财务信息造假:虚增营业收入、虚增利润	无	无重大缺陷,财务报告内部控制有效
2012	无	无	开始承认财务报告内部控制存在重大缺陷,但并未对其有效性发表意见
2013	无	否定审计意见:由于存在"华锐风电公司未对存货等实物资产实施有效控制,造成存货等实物资产与账面记录存在重大不一致"的重大缺陷,财务报告内部控制失效	存货管理制度的执行存在重大缺陷,财务报告内部控制失效
2014	无	否定审计意见:由于存在"华锐风电公司未对部分实物资产的出入库实施有效控制,致使部分实物资产的出入库信息与财务账簿记录不同步"的重大缺陷,财务报告内部控制失效	存货管理制度执行方面的重大缺陷,财务报告内部控制失效

三、华锐风电财务报告内部控制失效的特征分析

以下我们将根据 COSO 的内部控制五要素,对华锐风电财务报告内部控制失效的特征进行分析。

第四章
我国上市公司财务报告内部控制失效典型案例分析：沪市主板篇

（一）华锐风电财务报告内部控制失效之控制环境特征

1. 公司治理方面的特征

董事会是公司治理的核心，一来董事会承担着股东大会的受托责任，二来其又是对管理层的经营管理活动进行监督的主体。然而，如何监督董事会的经营效率和效果一直是公司治理的关键问题。在华锐风电的案例中，董事会的权力制衡以及重大决策机制等方法均存在明显的问题。首先，从华锐风电成立以来，韩俊良就一直兼任董事长和总裁。随着公司上市并快速发展，韩俊良的个人权力不断膨胀，甚至在公司中"搞专制"，进而主导了公司重大决策，并一手操控着公司的高管团队。可以说，韩俊良个人一直高度凌驾于公司治理和内部控制之上，使董事会成为他的"一言堂"。公司董事会的权力制衡机制几乎失效。其次，在公司重大决策上，华锐风电的决策流程存在重大缺陷。在2011年以后风电行业产能过剩、行业效益整体下滑的背景下，华锐风电并没有严格履行科学决策流程、财务监督以及风险防范不够等缺陷，导致盲目投入海上风电、突入海外市场等扩张型重大决策失误，从而最终埋下大患。

2. 股权结构方面的特征

股权结构也是公司治理的重要方面，涉及股权集中度、股权属性等问题，进而会影响公司内部控制的效率效果。首先，公司的股权如果能够保证适度的集中，一来可以发挥大股东积极监督董事会与管理层的作用，二来可以避免股权过于集中所带来的大股东侵占问题。因此，股权集中度不宜过于分散，也不宜过于集中。针对华锐风电案例，公司曾经因为"无实际控制人"的过度分散而被证监会取消发行申报审核。因此，过度分散的股权结构，导致对于包括韩俊良在内的董事会及其掌控的高管团队的监督明显不足。另外，公司的股权属性也是影响股东发挥监督作用的重要方面。一般而言，机构投资者具有良好的专业能力、相对较高的股权份额，因而具有较强的监督管理层的动力。但是，机构投资者也分为诸多类型，其中的私募股权投资者可能存在过度投机的问题。针对华锐风电案例，公司股权结构中存在较多的私募股权投资者，他们存在较为明显的"套现赌性"，重视股票的市场表现，忽视参与公司治理。

(二) 华锐风电财务报告内部控制失效之风险评估特征

企业风险评估是企业管理的重心，更是内部控制管控的核心。风险评估要求企业高管要对企业面临的政策、行业、财务、市场等方面的风险保持必要的谨慎态度，并采用科学的方法识别、分析、评估风险，进而管控风险。针对华锐风电案例，2011年对于风电行业来说可谓是"多事之秋"。由于两起风电行业的大事故，国家相关部门对风电设备并网开展了更加严格的监管措施，并持续加大风电项目的审核力度。这就导致了风电行业最大的风险——政策风险。然而，令人遗憾的是，华锐风电并没有对此重大风险展开必要的风险评估工作，而是像一个"鸵鸟"，认为"扛过去还能到春天"。更严重的是，以韩俊良为首的管理团队仍然过度自信，反而继续不断扩张，不断投入海上风电与海外市场。虽然"两海战略"可以缓解国内市场竞争带来的压力，但其贸然的规模扩张所带来的风险最终演化为连年的成本压力，进而导致出现亏损。

(三) 华锐风电财务报告内部控制失效之控制活动特征

控制活动本质上就是要建立起公司各个交易和业务循环的控制流程和控制规范，并进行切实的贯彻和执行。针对华锐风电案例，公司管理层通过虚假的材料出库与入库，导致公司存货业务内部控制循环失效；部分销售人员虚构吊装报告，使公司销售业务内部控制活动不能有效贯彻。另外，受制于管理层的压力，部分财务人员不能严格执行财务报告相关控制流程与活动，采信了虚假凭证，进行了错误的账务处理。这一切都充分暴露出华锐风电公司没有有效设计和执行相关内部控制流程和活动。

(四) 华锐风电财务报告内部控制失效之信息沟通特征

在此方面，根据目前披露的相关信息，尚无明显的问题。

(五) 华锐风电财务报告内部控制失效之监督特征

监督是内部控制的"再控制"，无疑对内部控制有效开展起到"再保证"的作用。针对华锐风电案例，虽然公司在董事会下设置了内部控制委员会、审计委员会等机构，但是这些机构长期处在"花瓶"状态，形同虚设。

第四章
我国上市公司财务报告内部控制失效典型案例分析：沪市主板篇

第二节 康美药业财务报告内部控制失效案例分析

本节首先对康美药业的各个方面进行较为详细的说明；然后从中国证监会对其财务报告信息披露等问题的行政处罚决定、财务报告内部控制审计意见以及内部控制自我评价报告三个方面，呈现其财务报告内部控制失效的事实；最后在上述信息的基础上，对其财务报告内部控制失效的原因开展分析与讨论。

一、康美药业公司面面观

鉴于康美药业的财务报告内部控制审计意见被审计师出具"否定意见"的时间是2018年和2019年，以及该公司被中国证监会行政处罚确定的虚假财务信息披露行为发生的时间是2016~2018年，因此我们重点对2015~2019年度该公司各方面展开介绍。

（一）康美药业公司简介

康美药业，全称"康美药业股份有限公司"，成立于1997年6月。2001年2月康美药业在上海证券交易所挂牌上市，股票名称及代码为"康美药业（600518）"。康美药业是一家以中药饮片、化学原料药及制剂生产为主导，集药品生产、研发及药品、医疗器械营销于一体的现代化大型医药企业、国家级重点高新技术企业。其主要经营范围包括生产中药饮片、中药提取、中药配方颗粒、颗粒剂、片剂、硬胶囊剂、原料药等。

2001年2月26日，康美药业A股股票在上海证券交易所挂牌上市，股票简称"康美药业"，证券代码为600518。

2019年4月30日，康美药业发布了《前期会计差错更正的公告》，宣布有高达近300亿元的"会计差错"。

2019年8月16日，康美药业股份有限公司及相关当事人收到证监会《行政处罚及市场禁入事先告知书》（处罚字〔2019〕119号）。

2020年5月14日,康美药业股份有限公司收到证监会《行政处罚决定书》(〔2020〕24号)及《市场禁入决定书》(〔2020〕6号)。

(二)康美药业的行业基本面

康美药业在其2015~2019年年报中,对其所在的医药行业进行了综述,整理如下:

该公司在2015年年报中指出,"医药行业面临着发展的机遇,随着国家经济的持续发展、全民医保政策的推出、人民生活水平的不断提高、人口老龄化趋势的日益明显,以及人们健康意识的提升,居民健康的投入持续加大,不断增长的医疗需求促进了我国医药健康产业的快速发展"。在2016年年报中,关于行业内目前的竞争与风险状况的描述和上年基本保持一致。

在2017年的年报中,该公司指出医药行业迎来了新的风险与机遇。一方面,"2017年是实施'十三五'规划深化医药卫生体制改革的重要一年,医改进入深水区,涉及药品、医疗、医保和流通领域的政策陆续落地,医药行业正在重塑格局,行业整合加速"。另一方面,"2017年,全球经济呈现持续升温和复苏态势,建设'健康中国'上升为国家战略,将'传承发展中医药事业'作为实施健康中国战略的重要任务,《中华人民共和国中医药法》的正式实施,医药健康行业迎来了新的发展机遇"。同样地,该行业企业面临的竞争依然是激烈的,年报中关于行业内目前的竞争与风险状况的描述与之前年度相比基本无变化。2018年该公司的年报指出,2018年是国家医疗卫生体制改革深入推进的一年,对医药行业的发展具有深远影响。在2019年年报中,该公司依然强调了国家医疗卫生体制改革的推进对医药行业的影响。

结合2015~2019年年报中关于医药行业现状的总结,由于受到医药卫生改革持续推进的影响,医药行业机遇与挑战并存。一方面,受益于国家积极发展中医药政策,中医药行业呈现良好的发展态势;另一方面,随着药品招标、公立医院改革、医保控费等政策的出台,医药行业整体增幅进一步放缓。而对于康美药业来说,公司的主营业务以中药材和中药饮片为核心,并且已逐渐形成具有"康美特色"的中医药产业链一体化经营模式,中药板块是在公司营业收入中占比较高的业务板块,公司的中药饮片业务在行业中占据优势地位。在政府积极支持中医药发展的背景下,康美药业具有非常大的优势,面临着更大的发展机会。但随着我国医药改革政策密集发布,监管力度不断加大,我国医药行业企业均面临着较大的竞争与压力,康美药业也不例外。

(三) 康美药业的财务指标面

1. 康美药业盈利能力财务指标

根据康美药业的历年年报,我们可以得到该公司 2015~2019 年度的主要盈利能力财务指标,如表 4-5 所示,其中 2017 年及 2018 年财务指标是根据后期会计差错更正后数据计算得到的。从该表中可以看出,康美药业的盈利能力指标自 2017 年开始出现较大幅度下降,2019 年其盈利能力进一步下降,甚至出现了巨大亏损。2017 年康美药业的盈利能力开始下降,但其毛利率一度上涨,这主要是因为 2017 年的费用支出增长幅度较大,与上一年度相比,2017 年康美药业销售费用增长 121.83%,管理费用增长 15.09%,财务费用增长 65.89%,三者合计占营业收入的 20.64%。2018 年,康美药业的三项费用合计占营业收入的比例约为 25%,其中财务费用进一步增长,较上一年度增长了 57.61%。2019 年的亏损主要是由于企业营业收入的大幅下降,2019 年康美药业的主要营业收入来源为医药工业和商业业务,营业收入较上一年度下降 36.71%,毛利率也下降 21.14%。保健食品及食品业务营业收入较上一年度下降 63.33%,物业租售及其他业务营业收入虽然增加了 38.22%,但其营业成本增长幅度更高。

表 4-5 康美药业盈利能力财务指标

年度	2015	2016	2017	2018	2019
每股收益(元/股)	0.62	0.67	0.24	0.03	-0.99
每股净资产(元/股)	3.59	5.29	5.42	5.22	3.53
净资产收益率(平均)(%)	15.54	13.95	7.40	1.35	-20.05
销售毛利率(%)	28.34	29.90	38.63	31.91	13.20
销售费用率(%)	2.76	2.58	7.04	6.96	9.78

2. 康美药业营运能力财务指标

根据康美药业的历年年报,我们可以得到该公司 2015～2019 年度的主要营运能力财务指标,如表 4-6 所示。从表中我们可以看到,康美药业公司的营运能力自 2015 年开始持续下降,2017 年下降幅度尤其明显。不论是存货周转率、应收账款周转率还是总资产周转率均明显下降,公司营运能力堪忧。

表 4-6 康美药业营运能力财务指标　　　　　　　　　　单位:次

年度	2015	2016	2017	2018	2019
存货周转率	1.51	1.35	0.45	0.34	0.30
应收账款周转率	7.56	7.67	4.35	3.08	2.35
总资产周转率	0.55	0.47	0.29	0.25	0.17

3. 康美药业偿债能力财务指标

根据康美药业的历年年报,我们可以得到该公司 2015～2019 年度的主要偿债能力财务指标,如表 4-7 所示。从表中我们可以看到,在康美药业的负债中,虽然流动负债的占比近年来呈现下降的趋势,但仍然是企业负债的主要部分。而康美药业的流动比率和速动比率自 2017 年开始出现较大下降,流动比率自 2018 年开始小于 2,速动比率自 2017 年开始小于 1,企业的速动资产不足以偿还企业的流动负债,流动负债的偿还风险较大,短期偿债能力较弱。从企业近几年的年报来看,速动比率在 2017 年明显下降,主要是由于存货占流动资产的比重增长明显,从原来的占比约 30% 增长到占比超过 60%。从长期偿债能力来看,康美药业的资产负债率自 2017 年开始不断增长,到 2019 年已接近 70%,企业的总体负债水平偏高,长期偿债能力较弱。

表 4-7 康美药业偿债能力财务指标

年度	2015	2016	2017	2018	2019
流动比率	2.12	2.22	2.03	1.93	1.69
速动比率	1.42	1.59	0.66	0.74	0.56

续表

年度	2015	2016	2017	2018	2019
资产负债率（%）	50.56	46.41	56.33	64.30	68.03
流动负债/负债合计（%）	72.04	78.71	70.15	60.52	63.33

二、康美药业财务报告内部控制失效的证据陈述

康美药业财务报告内部控制失效可以在中国证监会对其财务报告虚假信息披露的行政处罚、审计师所出具的公司内部控制审计意见以及其内部控制自我评价报告中得到清晰的印证。以下将结合康美药业所披露的年度报告、中国证监会的行政处罚决定书、内部控制审计报告以及其内部控制自我评价报告陈述该公司财务报告内部控制实效的事实。

（一）康美药业财务报告内部控制失效证据：中国证监会行政处罚决定

2020年5月13日，中国证监会对康美药业股份有限公司以及马兴田、许冬瑾等21名责任人员作出了行政处罚。根据该行政处罚决定书，经查明，康美药业存在以下违法事实：

第一，《2016年年度报告》《2017年年度报告》《2018年半年度报告》《2018年年度报告》中存在虚假记载，虚增营业收入、利息收入及营业利润。《2016年年度报告》虚增营业收入89.99亿元，多计利息收入1.51亿元，虚增营业利润6.56亿元，占合并利润表当期披露利润总额的16.44%。《2017年年度报告》虚增营业收入100.32亿元，多计利息收入2.28亿元，虚增营业利润12.51亿元，占合并利润表当期披露利润总额的25.91%。《2018年半年度报告》虚增营业收入84.84亿元，多计利息收入1.31亿元，虚增营业利润20.29亿元，占合并利润表当期披露利润总额的65.52%。《2018年年度报告》虚增营业收入16.13亿元，虚增营业利润1.65亿元，占合并利润表当期披露利润总额的12.11%。

第二，《2016年年度报告》《2017年年度报告》《2018年半年度报告》中存在虚假记载，虚增货币资金。2016年1月1日至2018年6月30日，康美药业通过财务不记账、虚假记账、伪造、变造大额定期存单或银行对账

单,配合营业收入造假伪造销售回款等方式,虚增货币资金。通过上述方式,康美药业《2016年年度报告》虚增货币资金22548513485.42元,占公司披露总资产的41.13%和净资产的76.74%;《2017年年度报告》虚增货币资金29944309821.45元,占公司披露总资产的43.57%和净资产的93.18%;《2018年半年度报告》虚增货币资金36188038359.50元,占公司披露总资产的45.96%和净资产的108.24%。

第三,《2018年年度报告》中存在虚假记载,虚增固定资产、在建工程、投资性房地产。康美药业在《2018年年度报告》中将前期未纳入报表的亳州华佗国际中药城、普宁中药城、普宁中药城中医馆、亳州新世界、甘肃陇西中药城、玉林中药产业园共六个工程项目纳入表内,分别调增固定资产11.89亿元,调增在建工程4.01亿元,调增投资性房地产20.15亿元,合计调增资产总额36.05亿元。经查,《2018年年度报告》调整纳入表内的六个工程项目不满足会计确认和计量条件,虚增固定资产11.89亿元,虚增在建工程4.01亿元,虚增投资性房地产20.15亿元。

第四,《2016年年度报告》《2017年年度报告》《2018年年度报告》中存在重大遗漏,未按规定披露控股股东及其关联方非经营性占用资金的关联交易情况。2016年1月1日至2018年12月31日,康美药业在未经过决策审批或授权程序的情况下,累计向控股股东及其关联方提供非经营性资金11619130802.74元用于购买股票、替控股股东及其关联方偿还融资本息、垫付解质押款或支付收购溢价款等用途。

(二)康美药业财务报告内部控制失效证据:内部控制审计意见

2019年4月28日由广东正中珠江会计师事务所出具的2018年度"康美药业内部控制审计报告",以及2020年6月16日由立信会计师事务所出具的2019年度"康美药业内部控制审计报告"均对该公司的财务报告内部控制出具了"否定意见"。而康美药业公司2015~2017年度的内部控制审计报告均是"标准无保留意见"。

1. 康美药业2018年度财务报告内部控制重大缺陷与审计意见

2019年4月28日,广东正中珠江会计师事务所出具了2018年度"康美药业内部控制审计报告"。该内控审计报告指出,在本次内部控制审计中,会计师事务所注意到康美药业公司的财务报告内部控制存在以下重大缺陷，并出具了内部控制审计否定意见：①资金管理、关联交易管理存在重大缺陷；②财务核算存在重大缺陷；③治理层及内部审计部门对内部控制的监督不到位。

另外，该审计报告还指出，在内部控制审计过程中，会计师事务所注意到康美药业的非财务报告内部控制存在重大缺陷：内部治理存在重大缺陷，导致内控制度无法有效执行。因涉嫌信息披露违法违规，康美药业已于2018年12月28日收到中国证券监督管理委员会立案调查通知书。

2. 康美药业2019年度财务报告内部控制重大缺陷与审计意见

2020年6月16日，立信会计师事务所出具了2019年度"康美药业内部控制审计报告"。该内控审计报告指出，在本次内部控制审计中，会计师事务所注意到康美药业公司的财务报告内部控制存在以下重大缺陷，并出具了内部控制审计否定意见：①违规向关联方提供资金；②工程项目的管理不规范，工程项目档案及相关财务资料保存不完整；③代理销售不规范；④重大错报。

（三）康美药业财务报告内部控制失效证据：内部控制自我评价报告

1. 康美药业2015~2017年度内部控制自我评价报告

在康美药业发布的2015~2017年度内部控制自我评价报告中，公司指出："……于内部控制评价报告基准日，不存在财务报告内部控制重大缺陷，董事会认为，公司已按照企业内部控制规范体系和相关规定的要求在所有重大方面保持了有效的财务报告内部控制。"

2. 康美药业2018年度内部控制自我评价报告

2019年4月30日，康美药业发布其2018年度内部控制自我评价报告，该报告指出，"根据公司财务报告内部控制重大缺陷的认定情况，于内部控制评价报告基准日，由于存在财务报告内部控制重大缺陷，董事会认为，公司未能按照企业内部控制规范体系和相关规定的要求在所有重大方面保持有效的财务报告内部控制"，同时该报告还指出康美药业的非财务报告内部控制也存在重大缺陷，并且指出了报告期内康美药业存在以下财务报告内部控制重大缺陷：①财务核算不规范；②关联方交易管理不规范。

3. 康美药业2019年度内部控制自我评价报告

2020年6月16日，康美药业发布其2019年度内部控制自我评价报告，该报告指出："……于内部控制评价报告基准日,由于存在财务报告内部控制重大缺陷,董事会认为,公司需要按照企业内部控制规范体系和相关规定的要求在相关重大方面持续加强财务报告内部控制。"该报告指出了报告期内康美药业存在以下财务报告内部控制重大缺陷:①关联方交易管理不规范;②工程项目档案管理不规范;③公司对医疗器械业务的管理与监督存在不足;④财务档案管理不规范。

(四)康美药业财务报告内部控制失效证据的小结

根据以上相关证据的梳理,中国证监会对康美药业 2016 年、2017 年和 2018 年财务报告信息披露违法行为的处罚决定,有力地证明了该公司 2016~2018 年财务报告内部控制是失效的。同时 2018 年和 2019 年连续两年会计师事务所对其财务报告内部控制均出具了否定审计意见。因此我们认为,康美药业财务报告内部控制在 2016~2019 年处在失效的状态(见表 4-8)。

表 4-8　康美药业财务报告内部控制失效证据的小结

年度	中国证监会的处罚决定	内部控制审计意见及重大缺陷	内部控制自我评价结论及缺陷
2015	无	标准无保留意见	无重大缺陷,财务报告内部控制有效
2016	2016 年度财务报告存在虚假记载,包括虚增营业收入、利息收入及营业利润,虚增货币资金;存在重大遗漏,未按规定披露控股股东及其关联方非经营性占用资金的关联交易情况	标准无保留意见	无重大缺陷,财务报告内部控制有效
2017	2017 年度财务报告存在虚假记载,包括虚增营业收入、利息收入及营业利润,虚增货币资金;存在重大遗漏,未按规定披露控股股东及其关联方非经营性占用资金的关联交易情况	标准无保留意见	无重大缺陷,财务报告内部控制有效

续表

年度	中国证监会的处罚决定	内部控制审计意见及重大缺陷	内部控制自我评价结论及缺陷
2018	2018年半年度以及年度财务报告存在虚假记载，包括虚增营业收入、利息收入及营业利润；2018年半年度财务报告存在虚假记载，虚增货币资金；2018年年度报告中存在虚假记载，虚增固定资产、在建工程、投资性房地产；存在重大遗漏，未按规定披露控股股东及其关联方非经营性占用资金的关联交易情况	否定意见：由于康美药业的财务报告内部控制存在重大缺陷，即"康美药业资金管理、关联交易管理存在重大缺陷。存在关联方资金往来的情况，其行为违反了康美药业日常资金管理规范及关联交易管理制度的相关规定"，财务报告内部控制失效	财务报告内部控制存在两大缺陷："财务核算不规范。公司会计基础薄弱，存在财务不规范问题，未能反映公司真实财务状况，导致前期重大会计差错更正"和"关联方交易管理不规范。公司关联交易管理中对主动识别、及时获取及确认关联方信息的控制制度未取得有效执行，未及时履行相关审批和披露事宜"，财务报告内部控制失效
2019	无	否定意见：由于康美药业的财务报告内部控制存在重大缺陷，即"康美药业以前年度违规向关联方提供资金，导致形成大额关联方非经营性资金占用，且未及时进行充分披露"，财务报告内部控制失效	财务报告内部控制存在"关联方交易管理不规范"等四个重大缺陷，财务报告内部控制失效

三、康美药业财务报告内部控制失效的特征分析

根据康美药业的年报显示，2016年净利润为33.37亿元，即使将当年虚增的营业利润6.56亿元全部扣除，其净利润依然有26.81亿元；2017年净利润为40.95亿元，扣除虚增的12.51亿元营业利润，其净利润为28.44亿元；2018年净利润为11.23亿元，扣除虚增的营业利润1.65亿元，其净利润为9.58亿元。由此可见，康美药业财务报告造假的目的并非扭亏为盈。从先前康美药业的介绍来看，伴随着国家对中医药行业发展的重视与支持，中医药行业及市场的竞争也越来越大。作为以中医药为主要业务的医药企业，为了抓住这一发展机会，康美药业近年来一直致力于全面实施中医药全产业链战略，融入大健康产业，为构建康美大健康产业精准服务体系而

全面发力。可以说,康美药业正处于战略扩张时期,这在其报表中关于公司发展战略及经营计划中可以看出。为了实现扩张,康美药业需要资金和资源的支持。结合公司合并利润表和合并现金流量表来看,公司的经营活动产生的现金流量净额一直低于企业当年实现的净利润金额,2018年度康美药业的经营活动产生的现金流量净额甚至为负值。行业竞争的加剧使公司经营活动产生的现金流量可能难以满足其扩张需求,需要进行外部融资。而且公司的短期负债以及应付债券基本呈现出不断增长的趋势,2019年增长趋势得到了控制。这一点也证实了康美药业为了实现扩张存在着巨大的融资需求,这也可能就是康美药业2016~2018年年报信息披露不实的原因所在。

接下来,我们将根据COSO的内部控制五要素,对康美药业财务报告内部控制失效特征进行分析。

(一) 康美药业财务报告内部控制失效之控制环境特征

公司的内控环境是内部控制制度的基础,为内部控制的有效实施提供了重要的氛围和制度保障。根据康美药业披露的信息以及一些媒体的报道,我们认为该公司在控制环境中存在如下问题:

第一,公司股权结构不合理。从康美药业2016~2019年的年报来看,康美药业的前十大股东中存在着复杂的关联关系,马兴田与许冬瑾夫妇对康美药业的控制难以撼动,这样的股权结构很难达到监督和制衡,不利于维护其他中小股东的利益。这也导致企业出现"2016年1月1日至2018年12月31日,康美药业在未经过决策审批或授权程序的情况下,累计向控股股东及其关联方提供非经营性资金116.19亿元用于购买股票、替控股股东及其关联方偿还融资本息、垫付解质押款或支付收购溢价款等用途"的违法违规事实。

第二,董事会、审计委员会形同虚设。2016年及2017年康美药业的监事会由罗家谦、马焕洲和温少生三人组成,2018年李定安代替温少生成为监事。据公司年报,温少生和马焕洲同时也分别担任着康美药业的证券部总经理和财务管理部总经理助理的职位,而罗家谦在任公司监事之前也曾是康美药业的高管之一。2016~2018年康美药业审计委员会由李定安、江镇平和邱锡伟三人组成,其中李定安和江镇平均为独立董事,而邱锡伟时任公司董事、副总经理、董事会秘书,并非独立董事。2016~2017年康美药业年报出现虚假记载、虚增货币资金等问题，并且涉及金额巨大，而监事会以及审计委员会却没有发现任何风险和问题，未提出过任何异议。因此康美药业的监事会以及审计委员会形同虚设，并未起到应有的监督作用。

第三，企业管理层品德堪忧。首先，从中国证监会的处罚决定书中可以看到康美药业2016～2018年年报的财务造假是有组织、有计划的，并且这一行为持续存在多年。在证监会发布调查通知书后，康美药业却试图通过前期会计差错更正来挽回。可见其管理层人员的诚信堪忧，法律意识淡薄。另外，据相关报道及资料显示，康美药业曾涉及多起贪污腐败案件。例如，2000～2012年，时任证监会发行监管部发行审核一处处长、创业板发行监管部副主任的李量，为康美药业上市提供"便利"，受贿共计约694万元。2004～2011年，时任康美药业董事长兼总经理马兴田，行贿揭阳市委原书记陈弘平，共计港币500万元，后者帮助马兴田成功当选全国人大代表。另外，马兴田还行贿时任广东省委原常委、广州市委原书记万庆良，四川省阆中市市委原书记蒋建平，时任广东省食品药品监督管理局药品安全生产监管处处长蔡明等巨额财物。有着这样的高管，康美药业的整体企业文化和控制环境自然也会受到影响而逐渐走偏，失去控制。

（二）康美药业财务报告内部控制失效之风险评估特征

每个企业都会面临来自内外部的风险，必须对这些风险进行不断的评估。对于康美药业而言，主要是缺乏风险意识，体现在康美药业通过大幅增加短期负债来满足融资需求，忽视了财务风险。从之前关于康美药业2015～2019年偿债能力指标的分析中，可以发现康美药业近年来为实现扩张，大举借债。企业的资产负债率不断增长，已经达到68%，而企业的经营情况近年来却并不理想，并且在康美药业的债务中，短期负债占据主要地位。自2016年开始，康美药业的短期负债不断增加，从2015年的46.20亿元增长到2019年的128.11亿元；企业的财务费用也随着不断增加，2017年度财务费用较上一年度增长65.89%，2018年度财务费用较上一年度再次增长57.61%，2019年度财务费用增长趋势虽然得到了控制，但较上一年度仍增长19.86%。面临着不断增长的债务偿还压力，康美药业的经营状况却每况愈下，企业经营活动产生的现金流量净额多次低于净利润，2019年企业净利润甚至出现了负值。由此可见，康美药业的财务风险正不断增大，而康美药业的董事会以及监事会却毫无警觉，说明其对该风险的评估失效，并未察觉到该风险并重点关注，缺乏风险意识。

（三）康美药业财务报告内部控制失效之控制活动特征

第一，会计系统控制失效。2019年4月30日，康美药业发布关于前期会计差错更正的公告，对2017年年报进行了追溯调整。2020年6月28日，康美药业再次发布前期会计差错更正公告，对2018年年报进行了追溯调整。仅仅从康美药业自己发布的两份前期会计差错更正公告中，就可以发现康美药业的会计系统控制在多个方面都已失效，更不用提后续中国证监会对康美药业的行政处罚决定书中也指出康美药业2016~2018年年报中均存在虚假记载等财务造假行为。康美药业2018年以及2019年的内部控制评价报告也指出企业存在财务核算不规范、财务档案管理不规范的重大内部控制缺陷。由此可见，康美药业的会计核算并未严格按照相关的会计准则和制度进行，未能按照相关规定对企业财产如货币资金、固定资产等实施盘点核对等控制活动。企业的财务信息也不能反映企业的实际经营情况，企业的会计系统控制存在重大缺陷，失去了原本的作用。

第二，授权审批控制失效。2020年中国证监会行政处罚决定书指出："2016年1月1日至2018年12月31日，康美药业在未经过决策审批或授权程序的情况下，累计向控股股东及其关联方提供非经营性资金11619130802.74元用于购买股票、替控股股东及其关联方偿还融资本息、垫付解质押款或支付收购溢价款等用途。"造假的凭证通过了审批程序未被发现，而应当经过审批才可以提供给关联方的资金却未经审批授权就从企业流出，这些均表明康美药业的授权审批控制活动出现了严重的问题，导致其并未起到应有的控制作用。

（四）康美药业财务报告内部控制失效之信息与沟通特征

第一，外部信息披露违规。作为上市公司，康美药业应当按照相关的会计准则及法律法规向公众披露其财务信息，真实准确地反映公司的经营和财务状况。然而，2020年5月13日中国证监会在对康美药业的行政处罚决定书中写明，康美药业2016~2018年财务信息披露存在虚假记载，包括虚增营业收入、营业成本、利润、货币资金、固定资产等以及重大遗漏，主要指未按规定披露控股股东及其关联方非经营性占用资金的关联交易情况等违法事实，并且涉及金额巨大。康美药业的财务造假行为使其披露的财务信息不能真实准确地反映企业的经营状况，反而营造出企业目前经营状况良好的表象，误导了广大投资者，影响了资本市场的正常秩序。

第二，内部信息沟通不畅。除了企业外部信息披露违规之外，康美药业的内部信息沟通也存在一定的问题。企业内部良好的信息沟通有助于企业管理者做出更好的决策，也有助于董事会和监事会对管理者的监督。然而康美药业的前十大股东中存在着复杂的关联关系，马兴田作为公司的董事长兼总经理，同时也是康美药业的实际控制人，拥有非常大的权力，董事会和监事会的监督难以有效实施。康美药业的财务造假事件可以说是马兴田牵头组织各部门人员，实施转移资金、隐瞒不报、掩盖资金占用、虚构经营业绩、虚增营业收入、虚增货币资金等财务欺诈。康美药业财务造假涉及金额如此之大，但独立董事、审计委员会和监事会并未提出任何异议，直至公司被中国证监会立案调查。由此可见，多名高管的串通舞弊使康美药业内部的信息沟通也产生了诸多问题。

（五）康美药业财务报告内部控制失效之监督特征

康美药业 2016~2018 年的财务造假行为也反映了其内部监督的形同虚设和执行不力。一方面，康美药业虽然设置了审计委员会和监事会，但其成员任职方面与企业管理层关系比较紧密，独立性难以保证，并未起到应有的监督作用。2016~2017 年康美药业已经连续两年财务造假，而监事会以及审计委员会却没有发现任何风险和问题。2018 年会计师事务所在对康美药业出具的内部控制审计报告中也指出"康美药业治理层及内部审计部门对内部控制的监督不到位，使康美药业监督系统在日常监督工作中没有发现上述缺陷，并按要求及时汇报和纠正"。康美药业难以对管理层的行为进行有效监管，这也导致了企业内部控制的失效。另一方面，康美药业资金管理、关联交易管理的不规范，财务核算的不规范等重大内部控制缺陷的存在也反映了康美药业内部监督机制及其执行的薄弱，即使企业制定了相关的管理制度，也并不能保证完全能够得到遵守，企业内部监督有待进一步加强。总体来看，由于康美药业公司治理的不合理，治理层对管理层的监督形同虚设，企业日常经营活动的监督有待进一步加强。

第三节 天业股份财务报告内部控制失效案例分析

本节首先对天业股份的各个方面进行较为详细的说明；然后从其财务报告内部控制审计以及中国证监会对其财务报告信息披露等问题的行政处罚决定两个方面，呈现其财务报告内部控制失效的事实；最后在上述信息的基础上，对其财务报告内部控制失效的原因展开分析与讨论。

一、天业股份公司面面观

鉴于天业股份内部控制审计意见被审计师出具"否定意见"的时间是2017年与2018年，以及该公司被中国证监会行政处罚确定的虚假财务信息披露行为发生的时间是2014～2018年，我们重点对2014～2018年度的该公司各方面展开介绍。

（一）天业股份公司简介

天业股份，全称"山东天业恒基股份有限公司"，前身为山东济南百货大楼（集团）股份有限公司，1994年1月3日在上海证券交易所上市交易。2006年底由山东天业房地产开发集团有限公司成功重组，更名为"山东天业恒基股份有限公司"（股票简称"天业股份"，股票代码：600807）。天业股份主要业务包括矿业开采、房地产开发、金融等。天业股份先后获得了"山东省房地产开发企业50强""中国房地产开发企业500强""济南市房地产开发企业综合信用评定AAA企业"等多项房地产行业荣誉。经过多年发展，公司"产融结合、多轮驱动、多元化协同发展"战略格局已经形成。

2018年5月3日，天业股份（ST天业，600807）公告，因涉嫌违反证券法律法规，证监会决定立案调查。

2019年10月25日，天业股份（ST天业，600807）发布关于收到证监会《行政处罚决定书》的公告，因重大关联交易未依法披露、违规重大担保未披露、虚增利润等多种违法行为，证监会对天业股份及其实际控制人进行顶格行政处罚，并对违规严重的主体市场禁入。

2020年7月1日，天业股份发布公告称，自2020年7月2日起复牌并撤销其他风险警示。

（二）天业股份的行业基本面

天业股份在2014~2018年年报中对其所在的行业进行了综述，整理如下：

天业股份在2014年年报中指出，2014年度黄金价格波动性相对较低，年末价格相比于开年时的价格水平基本保持不变。地缘政治、黄金实际生产成本等因素将对黄金价格未来走势提供有力支撑；受经济下行和货币政策从紧的双重影响，房地产行业整体呈现负增长的态势，投资增速显著放缓，土地市场购置面积下降，房地产的行业调整由区域扩大至全国。

天业股份在2015年年报中指出，随着美国进入加息周期，欧日持续采取宽松政策，中国政策偏松，政策的分化将进一步导致美元的强势，强势美元势必会压制黄金价格的走势，但同时中东地缘政治、中国经济放缓等对金价有所支撑，特别是新年伊始，地缘政治冲突集中爆发，全球股票等资本市场动荡，黄金作为避险安全资产受到资金追逐，金价有望迎来反转，走出弱势格局。政府实施了一系列政策推动房地产业的发展。房地产行业整体库存依然较大，区域分化明显，一、二线城市库存压力要远小于三、四线城市。

天业股份在2016年年报中指出，黄金是2016年度表现最好的资产之一。一方面，美国经济复苏、美元持续走强、美联储进入加息周期，以美元计价的黄金承压；另一方面，英国脱欧、特朗普当选及地缘政治摩擦加大等不确定性增强又为黄金价格提供了坚强支撑。房地产产业方面，山东省出台了一系列化解房地产库存的政策与措施，房地产去库存效果明显，库存首次扭转"六连增"。房地产开发企业商品房销售保持较好发展势头，商品房销售面积、销售额双双达到历史最高水平；全国经济增长下行压力增大，金融业务中全国小贷行业首次出现主要指标几乎全面负增长，融资租赁业继续逆势上扬，呈较快发展态势。

天业股份在2017年年报中指出，全球经济增速加快，资产价值增加，货币政策收紧，投资者继续在其投资组合中增持黄金；房地产行业受到国家宏观调控政策影响较大。金融方面，在当前推进金融服务实体经济的大背景下，融资租赁在扩大设备投资、支持技术进步、促进产品销售、增加服务集成方面具有显著作用。

天业股份在2018年年报中指出，受全球央行货币政策收紧、贸易摩擦加剧、英国脱欧及地缘政治风险等因素影响，国际金价大幅震荡，黄金产量创历史新高。在央行购金的推动下，黄金需求增长、市场不确定性上升以及保护主义经济政策的扩张将会使黄金作为避险工具越来越受青睐；房地产行业仍受到国家宏观调控的影响，因城施策，导致行业分化加剧。

综上可知，天业股份实施房地产、矿业、金融多元化经营，各个行业所面临的风险多样，比如政策、财务、外汇、黄金价格等变动风险，在资源重新配置和保证企业竞争优势方面会遇到较大的挑战。

（三）天业股份的财务指标面

1. 天业股份盈利能力财务指标情况

根据天业股份的历年年报可以得到公司2014~2018年度的主要盈利能力财务指标，如表4-9所示。由表可知，天业股份公司的盈利能力指标在2017年和2018年跌入最低值。天业股份主要以矿业、房地产与金融业收入为主。盈利能力的变动可能与这两年公司矿业开采成本相对上升、收入减少，房地产行业可结算项目减少，收入降低有关。

表4-9 天业股份盈利能力财务指标

年度	2014	2015	2016	2017	2018
每股收益（元/股）	0.14	0.15	0.15	-0.26	0.04
每股净资产（元/股）	1.08	1.91	2.17	1.96	1.39
净资产收益率（平均）（%）	18.02	10.08	7.50	-12.46	2.90
销售毛利率（%）	32.90	34.37	31.68	27.29	13.65
销售费用率（%）	1.98	1.99	1.52	0.61	0.56

2. 天业股份营运能力财务指标情况

根据天业股份的历年年报可以得到公司2014~2018年度的主要营运能力财务指标，如表4-10所示。存货周转率与总资产周转率变动较为平稳，但是应收账款周转率变化差距较大,尤其是2014~2015年,下降比例超过200%,说明天业股份收账速度变慢、平均收账期增长、坏账损失多、资产流动变慢。

表4-10 天业股份营运能力财务指标 单位:次

年度	2014	2015	2016	2017	2018
存货周转率	0.24	0.28	0.48	0.58	0.87
应收账款周转率	266.26	32.86	4.53	0.88	0.60
总资产周转率	0.25	0.27	0.30	0.21	0.17

3. 天业股份偿债能力财务指标情况

根据天业股份的历年年报可以得到公司2014~2018年度的主要偿债能力财务指标,如表4-11所示。从表中可见,天业股份的流动比率与速动比率均较低,说明公司短期偿债能力较低。流动负债在负债中所占比例在2014~2019年整体呈上升趋势,说明公司仍面临着不小的短期偿债压力;资产负债率较高,说明公司长期偿债压力较大。

表4-11 天业股份偿债能力财务指标

年度	2014	2015	2016	2017	2018	2019
流动比率	1.34	1.33	1.34	1.34	1.08	0.89
速动比率	0.18	0.35	0.80	1.04	0.82	0.54
资产负债率(%)	80.19	68.72	79.53	82.19	82.91	69.03
流动负债/负债合计(%)	77.10	87.83	70.69	73.97	79.64	81.68

二、天业股份财务报告内部控制失效的证据陈述

(一)天业股份财务报告内部控制失效证据:中国证监会行政处罚决定

2019年10月21日,中国证监会对天业股份公司以及曾昭秦、王永文等22名责任人员作出了行政处罚。根据该行政处罚决定书,天业股份存在

以下违法事实：

第一，未在定期报告中披露重大关联交易。山东天业房地产开发集团有限公司（简称天业集团）为天业股份的控股股东。2016年1月至2018年6月，天业股份及其控股子公司通过银行划款、开具票据等方式，向天业集团等关联方提供财务资助，构成天业股份与天业集团等关联方之间的关联交易。上述关联交易发生的金额，2016年上半年为144508.8万元，占最近一期经审计净资产的88.27%；2016全年为355343.53万元，占最近一期经审计净资产的217.06%；2017年上半年为398839.19万元，占最近一期经审计净资产的208.2%；2017全年为501019.19万元，占最近一期经审计净资产的261.54%；2018年上半年为113647万元，占最近一期经审计净资产的65.49%。

第二，未及时披露及未在定期报告中披露对外担保。天业股份2016年上半年，累计向关联方提供担保30900万元；2016年全年，累计向关联方提供担保94900万元；2017年上半年，累计向关联方提供担保313615万元，向非关联方提供担保5000万元；2017年全年，累计向关联方提供担保565385万元，向非关联方提供担保23000万元；2018年上半年，累计向关联方提供担保5700万元。天业股份2016年半年度报告未披露向关联方提供担保发生额30900万元，未披露对外担保余额54122万元；2016年年度报告未披露向关联方提供担保发生额94900万元，未披露对外担保余额108244万元；2017年半年度报告未披露对外担保发生额318615万元，其中未披露向关联方提供担保发生额313615万元，未披露对外担保余额415681万元；2017年年度报告未披露对外担保发生额526385万元，其中未披露向关联方提供担保发生额503385万元，未披露对外担保余额542667.20万元；2018年半年度报告未披露向关联方提供担保发生额5700万元，未披露对外担保余额486913万元。

第三，未及时披露及未在定期报告中披露未能清偿到期重大债务的违约情况。2017年6月至2018年12月，天业股份多次发生未能清偿到期重大债务的违约情况，涉及债务金额397842.52万元。

第四，未及时披露及未在定期报告中披露重大诉讼和仲裁。自2017年9月起，天业股份涉及多起诉讼、仲裁案件。2017年全年，涉及诉讼3起、仲裁2起，涉案金额累计为41369.24万元。2018年上半年，涉及诉讼46

起、仲裁1起，涉案金额累计为434804.26万元。2018年全年，涉及诉讼76起、仲裁1起，涉案金额累计为584793.22万元。

第五，在定期报告中虚增利润。①不适当确认投资收益事项。2017年6月28日，天业股份与吉林省中青股权投资基金管理有限公司（简称吉林中青）签署《深圳天盈实业有限公司股权转让协议》，约定以18000万元向吉林中青转让深圳天盈实业有限公司（简称天盈实业）51%股权。2017年7月19日，天业股份临时股东大会审议通过股权转让事项。2017年8月25日，天盈实业完成股东变更的工商登记。截至2017年底，吉林中青未按协议约定向天业股份支付转让款，未接管天盈实业，天业股份仍对天盈实业实际控制，并承担经营活动相关的盈亏。天业股份2017年在不符合股权转让投资收益确认条件时确认了投资收益，并在编制2017年度合并财务报表时未将天盈实业纳入合并范围，上述事项致天业股份2017年年度报告虚增营业利润14596.83万元。②未及时确认工程成本事项。天业股份东营分公司盛世龙城项目于2007年开工建设，2010年各单项工程陆续完工交付，交付时各单项工程结算尚未全部完成，天业股份按照预算总成本结转工程成本。在各单项工程结算陆续完成后，因部分工程结算单没有及时交至财务部门，财务部门未及时将结算值与预算值差额部分记账。上述事项致天业股份2015年年度报告虚增营业利润1094.66万元，2016年年度报告虚增营业利润34.99万元，2017年年度报告虚增营业利润5257.17万元。③少计财务费用事项。2016年4月至2017年8月，天业股份将向相关个人支付的融资居间费、向债权人支付的违约金及向相关公司支付的财务顾问费等财务费用，计为对隐瞒关联关系的关联方——山东亨业贸易有限公司的其他应收款。上述事项致天业股份2016年年度报告虚增营业利润2319.92万元，2017年年度报告虚增营业利润2260.80万元。④少计所得税费用事项。天业股份子公司烟台市存宝房地产开发有限公司（简称存宝公司）开发的天业盛世景苑项目于2015年9月开盘销售，暂不符合收入确认条件。2015年第三季度开始至2017年，存宝公司按税法规定预缴企业所得税，将预缴所得税计入其他流动资产科目。2016年至2017年，存宝公司重复计提递延所得税资产并减记所得税费用。上述事项致天业股份2016年年度报告虚增净利润809.36万元，2017年年度报告虚增净利润168.34万元。⑤少计营业成本及多计所得税费用事项。天业股份境外孙公司明加尔金源公司存货确认错误，2014年、2015年、2016年分别少结转营业成本6902.06万元、5731.23万元、6259.24万元，2017年多计提当期所得税费用849.44万元。上述事项致天业股份2014年年度报告虚增营业利润6902.06万元，2015年年度报告虚增营业利润5731.23万元，2016年年度报告虚增营业利润6259.24万元，2017年年度报告虚减净利润849.44万元。

（二）天业股份财务报告内部控制失效证据：内部控制审计意见

2018年4月28日，瑞华会计师事务所出具的2017年度"天业股份内部控制审计报告"对该公司财务报告内部控制出具了"否定意见"，2019年4月12日，由中兴华会计师事务所出具的2018年度"天业股份内部控制审计报告"对该公司的财务报告内部控制也出具了"否定意见"。而天业股份披露的2014~2016年度的内部控制审计报告均是"标准无保留意见"。

1. 天业股份2017年度财务报告内部控制重大缺陷与审计意见

2018年4月28日，瑞华会计师事务所出具了2017年度"天业股份内部控制审计报告"。该内控审计报告指出，在本次内部控制审计中，会计师事务所注意到天业股份公司的财务报告内部控制存在以下重大缺陷，并出具了内部控制审计否定意见：①保理业务及对外借款业务存在重大缺陷；②非金融机构借款及相应借款费用管理存在重大缺陷；③对外担保事项管理存在重大缺陷。

2. 天业股份2018年度财务报告内部控制重大缺陷与审计意见

2019年4月12日，中兴华会计师事务所出具了2018年度"天业股份内部控制审计报告"。该内控审计报告指出，在本次内部控制审计中，会计师事务所注意到天业股份的财务报告内部控制存在以下重大缺陷，并出具了内部控制审计否定意见：①中国证监会正式立案调查，尚未出具最终结论；②保理业务和对外借款业务存在重大缺陷；③对外担保事项管理存在重大缺陷。

（三）天业股份财务报告内部控制失效证据：内部控制自我评价报告

1. 天业股份2014年度内部控制自我评价报告

山东天业恒基股份有限公司2014年度内部控制自我评价报告指出，"董事会已按照《企业内部控制基本规范》要求对财务报告相关内部控制进行了评价,董事会认为报告期内本公司的内部控制是有效的,公司内部控制在内部环境、风险评估、控制活动、信息与沟通、检查监督等各个方面规范、严格、有效,基本达到证券监管部门对上市公司内控制度管理的规范要求"。

2. 天业股份 2015 年度内部控制自我评价报告

2016 年 4 月 27 日,天业股份发布 2015 年度内部控制自我评价报告,指出"公司已按照企业内部控制规范体系和相关规定的要求在所有重大方面保持了有效的财务报告内部控制"。

3. 天业股份 2016 年度内部控制自我评价报告

2017 年 4 月 25 日,天业股份发布 2016 年度内部控制自我评价报告,指出"公司已按照企业内部控制规范体系和相关规定的要求在所有重大方面保持了有效的财务报告内部控制"。

4. 天业股份 2017 年度内部控制自我评价报告

2018 年 4 月 26 日,天业股份发布 2017 年度内部控制自我评价报告,该报告指出"存在财务报告内部控制重大缺陷,董事会认为,公司未能按照企业内部控制规范体系和相关规定的要求在所有重大方面保持有效的财务报告内部控制",并在报告中指出了以下重大和重要缺陷:

第一,未足额计提借款费用。公司在编制财务报告时,未能按照与部分金融及非金融机构签订借款合同的借款合同足额计提借款费用 21264.22 万元。

第二,违规对外担保。公司为山东天业房地产开发集团有限公司对外借款 34700.00 万元提供担保,为山东天业国际能源有限公司对外借款 82000.00 万元提供担保,上述担保合计金额 116700.00 万元。

5. 天业股份 2018 年度内部控制自我评价报告

2019 年 4 月 12 日,天业股份发布 2018 年度内部控制自我评价报告,该报告指出"公司已按照企业内部控制规范体系和相关规定的要求在所有重大方面保持了有效的财务报告内部控制"。

(四) 天业股份财务报告内部控制失效证据的小结

根据以上相关证据的梳理和中国证监会对天业股份 2014~2018 年财务报告信息披露违法行为的处罚决定,加上 2017 年和 2018 年连续两年会计师事务所对其财务报告内部控制出具了否定审计意见。我们认为,天业股份财务报告内部控制在 2014~2018 年处在失效的状态(见表 4-12)。

表 4-12　天业股份财务报告内部控制失效证据的小结

年度	中国证监会的处罚决定	内部控制审计意见及重大缺陷	内部控制自我评价结论及缺陷
2014	存在财务报告违法披露：虚增利润	标准无保留意见，财务报告内部控制有效	无重大缺陷，财务报告内部控制有效
2015	存在财务报告违法披露：虚增利润	标准无保留意见，财务报告内部控制有效	无重大缺陷，财务报告内部控制有效
2016	存在财务报告违法披露：①未在定期报告中披露重大关联交易；②对外担保；③虚增利润	标准无保留意见，财务报告内部控制有效	无重大缺陷，财务报告内部控制有效
2017	存在财务报告违法披露：①未在定期报告中披露重大关联交易；②对外担保；③未能清偿到期重大债务的违约情况；④重大诉讼和仲裁；⑤虚增利润等	否定审计意见：由于天业股份对外借款、借款费用确认以及对外担保金额缺少充分适当的审计证据，难以确定其真实性，内部控制报告失效	存在财务报告内部控制重大缺陷，财务报告内部控制失效
2018	存在财务报告违法披露：①未在定期报告中披露重大关联交易；②对外担保；③未能清偿到期重大债务的违约情况；④重大诉讼和仲裁等	否定审计意见： ①存在"天业股份公司于2018年5月2日接到中国证券监督管理委员会调查通知书，因天业股份公司涉嫌违反证券法律法规，根据《中华人民共和国证券法》的有关规定，决定对天业股份公司进行立案调查，截至审计报告日，中国证券监督管理委员会尚未出具最终结论。注册会计师提醒财务报表使用者对上述事项予以关注"。 ②"天业股份公司所属子公司博申租赁（上海）有限公司2018年末保理业务对外借款年末余额16.16亿元；天业小额贷款股份有限公司对外借款年末余额0.55亿元。两项对外借款合计占年末资产总额23%，金额重大，将其识别为关键审计事项。" ③"天业股份公司年末对外担保涉及金额16.9亿元，且2017年度注册会计师对此事项发表无法表示意见，将其识别为关键审计事项"，财务报告内部控制失效	无重大缺陷，财务报告内部控制有效

三、天业股份财务报告内部控制失效的特征分析

(一) 天业股份财务报告内部控制失效之内部环境特征

根据天业股份年报披露的信息及相关报道,我们认为天业股份的内部环境存在高管越权行事的明显特征。一般而言,公司的重大决策均需要通过公司股东大会决议通过。然而,根据公开信息,时任天业恒基法定代表人的曾昭秦,在没有经过股东大会决议通过的前提下,以公司名义为天业能源向幽谷资产借款签署保证合同,并作出相关承诺函。之后天业能源无法偿还债务,幽谷资产作为保证人的天业恒基告上法庭。可见,天业股份高级管理人员仅凭个人意志作出重大决定,为整个公司带来巨大损失。

(二) 天业股份财务报告内部控制失效之风险评估特征

企业风险是企业管理的重心,更是内部控制管控的核心。风险评估要求企业高管要对企业面临的政策、行业、财务、市场等方面的风险保持必要的谨慎态度,并采用科学的方法识别、分析、评估风险,进而管控风险。房地产行业是最易受到国家宏观政策调控的行业,并且又是典型的资金密集型行业,其资金需求巨大、现金流量管理至关重要,需要时刻关注公司的资金风险。天业股份以房地产业务为核心,其内部控制应该更加规范和有效。令人遗憾的是,天业股份并没有针对政策风险、财务风险等重大风险的一套有效的风险评估体系,没有及时防范风险、降低损失。在公司应收账款周转率发生巨大变化的情况下,天业股份并未足够重视,采取相关补救措施,导致收入资金极不稳定,财务状况濒临危机。

(三) 天业股份财务报告内部控制失效之控制活动特征

有效的控制活动,不仅要求建立完善的控制流程和规章制度,还需要严格执行。针对天业股份案例而言,该公司虽有相关的内部控制活动制度安排,但却大多数停留在纸面上,并没有实际得到贯彻执行。例如,公司在没有履行决策审批程序的情况下,向控股股东借出巨额资金。另外,公司财务人员未能认真履行会计凭证的审核、复核工作流程,甚至对关联方

内部往来款项等重要信息都无法确保准确和完整。

（四）天业股份财务报告内部控制失效之内部监督特征

监督是内部控制的"再控制"，其中内部审计起到关键作用。根据公开信息，天业股份的审计委员会及内部审计机构未能有效实施对内部控制的监督，更缺乏有效的内部控制评价系统，导致相关内部控制缺陷不能及时发现、内部控制执行得不到有效监督。

第五章

我国上市公司财务报告内部控制失效典型案例分析：深市主板篇

据第三章的相关统计，从 2010 年至 2019 年底，深市主板上市公司财务报告内部控制鉴证意见为否定意见的数量为 73 家，占披露财务报告内部控制鉴证意见的公司总数的比重为 2.02%。上述公司中，又被中国证监会行政处罚的公司共有 11 家（共涉及 16 次行政处罚），占财务报告内部控制鉴证意见为否定意见的公司的比重约 15.1%。本章将从上述 11 家公司中，以涉案金额、影响程度等条件，筛选了三家典型的财务报告内部控制失效典型案例展开分析。

第一节 振兴生化财务报告内部控制失效案例分析

本节首先对振兴生化的各个方面进行较为详细的说明；然后从其财务报告内部控制审计以及中国证监会对其财务报告信息披露等问题的行政处罚决定两个方面，呈现其财务报告内部控制失效的事实；最后在上述信息的基础上，对其财务报告内部控制失效的原因展开分析与讨论。

一、振兴生化公司面面观

考虑到振兴生化在 2014~2016 年度被注册会计师出具了财务报告内部控制的否定审计意见，以及中国证监会针对其 2012 年年报信息披露的违规行为进行了行政处罚，我们主要针对振兴生化 2012~2016 年度的各方面展开介绍。

（一）振兴生化大事记

振兴生化，全称"振兴生化股份有限公司"，原名"三九宜工生化股份有限公司"（简称三九生化），1996年在深圳证券交易所上市（股票代码：000403），控股股东为三九医药股份有限公司（简称"三九医药"），实际控制人为三九企业集团；振兴集团有限公司（简称振兴集团）是一家注册于山西的民营企业，史某志是振兴集团的实际控制人、董事长、总经理。

2005年4月28日，振兴集团与三九医药签订国有法人股转让协议，受让三九医药所持三九生化29.11%的股份。2006年4月29日，国资委批准了振兴集团收购三九生化股权。2007年9月10日，证监会对于振兴集团收购三九生化股权《收购报告书》出具了无异议函。2007年12月，振兴集团完成股权受让过户手续。2008年5月，公司注册地由江西迁至山西。

2012年2月2日，公司发布公告，称深交所针对该公司董事长、控股股东及实际控制人未履行承诺做出公开谴责。2013年10月15日，深圳证券交易所发布公告，陈述振兴生化存在严重违规行为。2013年11月5日，公司发布*ST生化收到中国证监会立案调查的公告。2015年1月8日，公司收到中国证监会行政处罚决定书。中国证监会对振兴生化股份有限公司、史跃武、原建民等11名责任人进行了行政处罚。

（二）振兴生化的行业基本面

根据振兴生化年报披露，该公司属医药制造业，经营范围包括：生物化工，制药工业设备，医用卫生材料，医药项目、生物技术开发项目的投资、咨询及技术推广，房地产开发，电子产品信息咨询。

根据振兴生化2012年年报披露，经过近六年的艰辛努力，公司股票恢复上市申请终于在2012年12月26日经深圳证券交易所第七届上市委员会第十七次工作会议审议通过，并于2013年2月8日恢复上市。2012年度，公司实现营业收入比上年同期增长1.9%。公司主营业务收入中，血液制品的收入占比接近92%。另外，公司的主要子公司中，广东双林生物制药有限公司创造了振兴生化的全部利润，而另两个子公司湖南唯康药业有限公司和山西振兴集团电业有限公司分别是-2043094.82元以及-84049417.04

元的亏损。

根据振兴生化 2013 年年报披露，全资子公司广东双林东海岛医药产业园区建设完工并投入使用。2014 年 2 月 21 日，东海岛医药产业园区 GMP 认证获得通过，正式投入生产。2013 年度，公司实现营业收入比上年同期增长 1.68%，公司的主营业务构成没有发生大的变化。

（三）振兴生化的财务指标面

1. 振兴生化盈利能力财务比率情况

根据该公司 2012~2016 年度年报，我们可以得到振兴生化主要盈利能力指标，如表 5-1 所示。我们可以看到，振兴生化的盈利能力相当不错，而且其销售毛利率比较高，显示出其具有较高的市场前景。而且，振兴生化的销售费用率也相对较低，则进一步支持了该公司的盈利能力。

表 5-1 振兴生化盈利能力

年度	2012	2013	2014	2015	2016
每股收益（元/股）	0.15	0.26	0.45	0.28	0.20
每股净资产（元/股）	1.09	1.10	1.55	1.84	2.03
净资产收益率（平均）（%）	15.24	26.50	33.88	16.80	10.22
销售毛利率（%）	61.95	60.09	57.09	52.94	56.02
销售费用率（%）	3.45	3.70	1.37	2.22	8.73

2. 振兴生化营运能力财务比率情况

根据该公司 2012~2016 年度年报，得到该公司主要营运能力指标，如表 5-2 所示。该公司的应收账款周转次数十分高，显示出其在销售收款中所具有的相对强势地位。另外，从存货周转率来看，该公司主要产品的产销情况良好。

表 5-2 振兴生化营运能力　　　　　　　　单位：次

年份	2012	2013	2014	2015	2016
存货周转率	1.08	0.98	0.91	0.92	0.85

续表

年份	2012	2013	2014	2015	2016
应收账款周转率	58.80	149.88	302.13	294.74	403.76
总资产周转率	0.46	0.42	0.41	0.41	0.45

3. 振兴生化偿债能力财务指标情况

根据该公司 2012~2016 年度年报，得到该公司主要偿债能力指标，如表 5-3 所示。该公司的短期偿债能力指标，如流动比率、速动比率都相对较低，反映其短期的偿债能力较弱。同时，其短期负债水平较高，也反映了该公司的短期偿债压力可能较大。

表 5-3 振兴生化偿债能力财务指标

年份	2012	2013	2014	2015	2016
流动比率	0.4187	0.4609	0.5678	0.61	0.9334
速动比率	0.1417	0.1166	0.1696	0.209	0.4288
资产负债率（%）	73.0624	70.3759	61.5809	58.4694	56.0119
流动负债/负债合计（%）	80.8412	75.1802	83.3109	90.2223	91.1645

二、振兴生化财务报告内部控制失效的证据陈述

振兴生化财务报告内部控制失效的证据主要包括三个方面：一是中国证监会对其财务报告信息披露违法行为的行政处分决定；二是审计师就其财务报告内部控制的审计意见；三是振兴生化按照要求所出具的内部控制自我评价报告。

（一）振兴生化财务报告内部控制失效证据：中国证监会行政处罚决定

2014 年 12 月 15 日，中国证监会发布了对振兴生化的行政处罚决定书。在该决定书中，对振兴生化在 2006 年和 2012 年的两个信息披露违法行为进行了认定，并提出相应的处罚决定。该决定书中所提及的 2006 年振兴电业担保事项信息披露违法行为过于久远，因此，我们主要介绍该决定书中所

提及的2012年未按规定披露振兴电业重大涉诉事项的信息披露违法行为。

行政处罚决定书指出，"2012年5月29日，山西省高级人民法院立案受理了中银投资有限公司（简称中银投资）诉被告山西振兴、山西振兴集团铝业有限公司、振兴电业、史跃武、振兴集团借款合同纠纷一案（〔2012〕晋商初字第7号）。原告中银投资的诉讼请求事项包括请求判令山西振兴向原告偿还借款本金429937014.63元及全部利息（计至2012年4月30日，利息为255892574.5元），两项合计685829589.13元；同时请求判令振兴电业对山西振兴所欠原告的债务在担保范围内承担担保责任，并判令原告对《最高额抵押合同》项下的抵押物优先受偿"。

2012年7月5日，山西省高级人民法院用人民法院专递（单号：EY418417597CN）向振兴电业送达了应诉通知书、起诉状副本等诉讼材料。

2012年7月11日，振兴电业收到山西省高级人民法院关于中银投资就上述贷款担保提起诉讼的应诉通知书，要求振兴电业承担抵押合同约定的2亿元担保责任。经查询邮政客服，该邮件签收人为王某宝，签收日期为2012年7月11日。

上述振兴电业被诉承担2亿元担保责任的金额占2011年振兴生化总资产、净资产的比例分别为20.82%、101.27%。以上重大涉诉事项振兴生化未按规定进行临时公告，也未在2012年年报中进行公告。

（二）振兴生化财务报告内部控制失效证据：内部控制审计意见

由致同会计师事务所出具的2014~2016年度的振兴生化内部控制审计报告均对该公司的财务报告内部控制出具了"否定审计意见"。

1. 振兴生化2014年度财务报告内部控制重大缺陷与审计意见

2014年4月30日，致同会计师事务所出具了否定意见的2014年度振兴生化内部控制审计报告。在该审计报告中披露了振兴生化财务报告内部控制存在如下重大缺陷：①公司更正已公布的财务报告；②公司未设立内部审计机构；③公司收到中国证券监督管理委员会山西监管局下发的行政监管措施决定书。

2. 振兴生化2015年度财务报告内部控制重大缺陷与审计意见

2015年4月27日，致同会计师事务所出具了否定意见的2015年度振兴生化内部控制审计报告。在该报告中披露了振兴生化财务报告内部控制存在如下重大缺陷：①公司未设立内部审计机构；②公司存在使用个人账户替代公司账户进行现金管理；③收到中国证券监督管理委员会山西监管局下发的行政监管措施决定书。

3. 振兴生化2016年度财务报告内部控制重大缺陷与审计意见

2016年4月26日，致同会计师事务所出具了否定意见的2016年度振兴生化内部控制审计报告。在该报告中披露了振兴生化财务报告内部控制存在如下重大缺陷：使用个人账户替代公司账户进行现金管理。

（三）振兴生化财务报告内部控制失效证据：内部控制自我评价报告

1. 振兴生化2012年度内部控制自我评价报告

2013年4月26日，振兴生化发布了2012年度内部控制自我评价报告。报告指出，"公司已经根据基本规范、评价指引及其他相关法律法规的要求，对公司截至2012年12月31日的内部控制设计与运行的有效性进行了自我评价。报告期内，公司对纳入评价范围的业务与事项均已建立了内部控制，并得以有效执行，达到了公司内部控制的目标，不存在重大缺陷"。

2. 振兴生化2013年度内部控制自我评价报告

2014年4月29日，振兴生化发布2013年度内部控制自我评价报告。报告指出，"公司遵循《企业内部控制基本规范》等法律法规的要求，建立了较为完善的内部控制管理体系。公司在重点控制活动等方面不存在重大缺陷，内控体系的建设及实施保证了公司资产安全和有效经营，提高了风险防范能力，全面提升了公司治理水平。2013年度，公司各项内部控制活动及内部控制制度总体上符合国家有关法律、法规和监管部门的要求，具有合理性、完整性和有效性"。

3. 振兴生化2014年度内部控制自我评价报告

2014年12月31日，振兴生化发布2014年度内部控制自我评价报告。报告认为，公司存在如下与财务报告内部控制相关的重大缺陷：①公司2014年度发生更正已公布的财务报告；②公司未设立内部审计机构，无法对生产经营活动进行有效监督；③公司于2014年8月7日收到中国证券监督管理委员会山西监管局下发的行政监管措施决定书。因此，该公司认为，2014年度，该公司财务报告内部控制未能达到内部控制的目标。

4. 振兴生化2015年度内部控制自我评价报告

2016年4月26日,振兴生化发布2015年度内部控制自我评价报告。报告认为,公司存在如下财务报告内部控制重大缺陷:①公司未设立内部审计机构,可能无法有效监控各业务单元,无法起到对内部控制进行再监督的作用;②公司存在使用个人账户替代公司账户进行现金管理的情形。因此,该公司财务报告内部控制未能达到内部控制的目标。

5. 振兴生化2016年度内部控制自我评价报告

2016年4月26日,振兴生化发布2015年度内部控制自我评价报告。报告指出,"由于公司在中国银行股份有限公司太原长治路支行开立的'139209522253'的银行账号被冻结,公司使用个人账户替代公司账户进行现金管理,违反了《现金管理暂行条例实施细则》第十二条'不准将单位收入的现金以个人名义存入储蓄'的规定"。因此,该公司财务报告内部控制在2016年度未能达到内部控制的目标。

(四)振兴生化财务报告内部控制失效证据的小结

综观上述振兴生化财务报告内部控制失效的相关证据,我们发现,中国证监会认定存在财务报告信息披露违法行为发生的2016年,该公司的内部控制自我评价报告却认定其公司的财务报告内部控制有效。在之后的2014~2016年度,会计师事务所所出具的财务报告内部控制审计报告与振兴生化所做的内部控制自我评价报告高度一致,均认定其财务报告内部控制在2014~2016年度未能达到财务报告内部控制的目标。

综上,我们认为,振兴生化财务报告内部控制在2012~2016年度处在失效(或者失效的边缘)状态(见表5-4)。

表5-4 振兴生化财务报告内部控制失效证据的小结

年度	中国证监会的处罚决定	内部控制审计意见及重大缺陷	内部控制自我评价结论及缺陷
2012	针对重大涉诉事项,振兴生化未按规定进行临时公告,也未在2012年年报进行公告	无	公司财务报告内部控制不存在重大缺陷,即财务报告内部控制有效

续表

年度	中国证监会的处罚决定	内部控制审计意见及重大缺陷	内部控制自我评价结论及缺陷
2013	无	无	公司财务报告内部控制不存在重大缺陷，即财务报告内部控制有效
2014	无	否定审计意见：由于存在"财务报告更正"、未设立内部审计机构，以及收到中国证监会山西监管局的行政监管措施决定书等财务报告内部控制重大缺陷，认定其财务报告内部控制失效	由于存在"财务报告更正"、未设立内部审计机构，以及收到中国证监会山西监管局的行政监管措施决定书等财务报告内部控制重大缺陷，认定其财务报告内部控制失效
2015	无	否定审计意见：由于存在"未设立内部审计机构"以及"存在使用个人账户替代公司账户进行现金管理"等财务报告内部控制重大缺陷，认定其财务报告内部控制失效	由于存在"未设立内部审计机构"以及"存在使用个人账户替代公司账户进行现金管理"等财务报告内部控制重大缺陷，认定其财务报告内部控制失效
2016	无	否定审计意见：由于存在"使用个人账户替代公司账户进行现金管理"等财务报告内部控制重大缺陷，认定其财务报告内部控制失效	由于存在"使用个人账户替代公司账户进行现金管理"等财务报告内部控制重大缺陷，认定其财务报告内部控制失效

三、振兴生化财务报告内部控制失效的特征分析

2012年证监会对振兴生化信息披露违规的处罚，揭开了振兴生化公司进行财务信息披露的面纱。以下，我们将根据COSO的内部控制五要素，开展对振兴生化公司财务报告内部控制失效特征的分析。

（一）振兴生化财务报告内部控制失效之控制环境特征

公司的内控环境是企业内部控制的重要基础，为内部控制的有效实施

提供了重要制度基础。根据振兴生化公司披露的信息以及一些媒体的报道，我们认为该公司在控制环境中存在如下问题。

1. 股权结构缺陷

合理的股权结构能够帮助企业实现有效的内部控制，过度集中的股权结构可能会导致股东侵占公司利益。在振兴生化公司中，第一股东是振兴集团，控制了其 22.61% 的股权；第二股东是华夏医疗健康混合型发起式证券投资基金，拥有 3.96% 的股权；除此之外，其余股东持股比例均小于 3%，无法向公司股东大会提出临时议案。可以看到，在振兴生化股权结构中，大股东占据着绝对的控制优势，持股比例明显高于其他股东，且呈现出小股东数量众多但单个持股比例低的特点，无法对大股东的经营决策进行制衡。这种股权结构特点容易引发代理问题。在 2016 年之前，振兴生化董事长和总经理均为史跃武，2016 年之后均为史跃武的兄弟史曜瑜。董事长的监督权与总经理的决策权合二为一使公司内部对于管理层的监督机制形同虚设。

2. 董事会、监事会形同虚设

查阅振兴生化年度报告及网页信息后，可以发现，公司董事会结构并不合理（董事长史曜瑜是振兴集团创始人史珉志之子，也是振兴生化前任董事长兼总经理史跃武的兄弟）。而在振兴集团控制下的振兴生化董事会 5 名成员中，有 3 名背景直接与振兴集团有关，超过了董事会成员的 1/3。这样的董事会结构，加上除第二大股东外无权向股东大会提出议案的条件，使对总经理的决策进行制约和监督变得困难，进而演变成"大股东说了算"的局面。前独董叶全良曾经指出，在振兴集团对董事会人员进行干预后，董事会实际已丧失决策过程的透明度，而成为了内部决策主导的领地，导致其余董事被迫无法履行勤勉职责。

监事会是对公司的业务活动进行监督和检查的机构，在本案例中，振兴生化的监事会同样没有履行应有的监督职责。2014~2016 年连续三年被注册会计师出具了财务报告内部控制的否定审计意见，以及 2012 年被证监会的行政处罚及后续违规担保、披露等事项发生时，振兴生化的监事会一直坚持公司依法经营，不存在违法违规行为，可以看出监事会并没有对公司的经营决策严加规范，而是流于表面，形同虚设。

(二) 振兴生化财务报告内部控制失效之风险评估特征

企业在经营活动中都会面临各种各样的风险，为保证企业目标的实现，必须对风险进行持续且反复的评估、控制和消除。根据风险导向原则，只有对企业发展相关风险进行充分适当的评估，才能准确识别风险，进而制定相应的风险控制措施加以应对，使之保持在可以接受的水平。

振兴生化风险评估系统不完善，对公司的经营活动风险识别能力较弱，具体表现有未识别出担保的违规性质、未准确评估置换资产是否优质等。在非财务报告内部控制方面，可以通过2015年的资产重组略窥一二。该重大资产重组活动涉嫌违规操作，收到了监管部门的警告文件，要求其在规定日期内完成情况披露及风险评估报告工作。该事项本可以由有效的风险评估系统进行事先的风险预测和计算，从而被规避和控制，却最终成为了公司的负面事件，说明振兴生化的风险评估系统沦为了"空头支票"，存在重大缺陷。

(三) 振兴生化财务报告内部控制失效之控制活动特征

控制活动是企业根据风险评估确定的风险水平，设计相应控制的制度与程序，将风险维持在可接受水平的一个环节，是实现内部控制有效性的关键要素。主要内容包括所有经营活动应有适当的授权、不相容职务应当分离、有效控制凭证和记录的真实性、独立的业务审核。振兴生化内部控制对于日常经营活动与重大事项缺乏有效控制。在日常经营活动方面，振兴生化存在如"出纳个人账户出现800多万元巨额存款，远超本人实际收入水平；在2015年至2017年，连续三年出现公司现金'私存私放'的违规情况；实物资产与出入库信息未得到有效控制，与会计记录不符"等情况。以上说明振兴生化对日常运作过程的控制缺乏有效性。

在重大事项方面，存在如复牌承诺屡次陷入"承诺—到期—不履行—再承诺"的死循环，严重损害中小股东的利益；任由管理层连续多年对违规担保事项、以优质资产置换劣质资产事项进行滞后、虚假披露，而未受到公司内部监督机制的制约；陷入被振兴集团为解决自身巨额债务问题而设计的资产重组活动中而不知，最终靠中小股东的坚决抵制才得以保全自身。以上说明振兴生化对重大事项决策的控制缺乏有效性。

(四) 振兴生化财务报告内部控制失效之信息与沟通特征

上市公司接受投资者的投资,有义务向投资者和社会公众传递真实、准确、完整的公司经营发展信息。良好的信息沟通有利于提高公司的管理水平,提升资源配置的效率,也有助于获取真实的市场反应和激发投资者的积极性,是企业持续发展必不可少的一环。本案例中,振兴生化被证监会出具警示函和处罚书的主要原因就在于未及时详细地披露相关事项,与之联系最为紧密的内部控制要素便是信息与沟通。振兴生化的信息与沟通存在以下几方面的重大缺陷。

1. 真实性和及时性缺陷

2015年振兴生化子公司广东双林生物制药在没有经过董事会批准的情况下,出资1800万元设立广东普奥思生物科技有限公司。该事项系管理层为替振兴集团谋取利益而进行的投资操作,主观刻意隐瞒投资者与社会公众,在财务报表上构成虚假陈述。该违规事项在2017年被证监会披露之前,一直处于只有公司内部少数人知情的状态,可见振兴生化信息发布质量不高、时效滞后,内容存在粉饰与造假的情况,信息与沟通的真实性和及时性存在重大缺陷。

2. 完整性和准确性缺陷

通过对振兴生化的年度财务报表阅读和分析,可以发现如在2015年度和2016年度,公司的产品生产数量、销售情况以及存货的在库状态和数量都未进行准确披露。对于2014~2016年度董监高的薪酬制度和具体金额披露以及员工数量也存在与事实不符的情况。更有甚者,在对公司的重大事项陈述上,如进行振兴电业、昆明白马以及金兴大酒店等资产置换事项过程中,也没有对置换资产的经营状况与优质性做出准确的披露,而更多地产生误导信息披露使用者的虚假信息。不仅使公司在次次虚假披露中保持侥幸心理继续进行违法违规行为,也使信息使用者产生错误理解,继而形成错误的投资决策。因此,振兴生化在信息与沟通的完整性和准确性上存在重大缺陷。

(五) 振兴生化财务报告内部控制失效之监督特征

在内部控制监督方面,根据公司内部控制自我评价报告以及致同会计事务所出具的内部控制审计意见，公司未设立内部审计机构，无法对生产经营活动进行有效监督。该缺陷不符合《企业内部控制基本规范》第十五条、第四十四条之规定。可以视为"公司审计委员会和内部审计机构对内部控制的监督无效"。

从连续多年与振兴集团进行违规占用资金、恶意置换资产、违规担保等活动和上述治理结构存在缺陷来看，振兴生化的内部控制监督体系十分不完善，无法对重大事项的决策进行监督和制约。相关内控制度也重形式而轻实质，没有设定具体监督的规章、准则，没有划分内控违规的标准，也未明确监督责任的落实主体，表明内部控制缺乏充分性和有效性，无法在会计事务所识别公司内部控制缺陷之前对其进行控制和消除。

第二节 亚太实业财务报告内部控制失效案例分析

本节首先对亚太实业的各个方面进行较为详细的说明；然后从其财务报告内部控制审计以及中国证监会对其财务报告信息披露等问题的行政处罚决定两个方面，呈现其财务报告内部控制失效的事实；最后在上述信息的基础上，对其财务报告内部控制失效的原因展开分析与讨论。

一、亚太实业公司面面观

鉴于中国证监会对亚太实业所作出的行政处罚中涉及的信息披露违法行为发生时间在 2010~2014 年度，以及注册会计师对其公司 2014~2016 年度的财务报告内部控制出具了"无保留意见加事项段"或者"否定意见"的审计意见，因此我们主要对该公司 2010~2016 年度的各方面展开介绍。

（一）亚太实业公司简介与大事记

亚太实业，全称"海南亚太实业发展股份有限公司"。1997 年 2 月 28 日，公司股票正式在深圳证券交易所挂牌上市。经过几次的交易，公司大股东几易其手。2009年4月2日,兰州亚太成为本公司实际控股股东。

2010年2月8日,公司名称变更为海南亚太实业发展股份有限公司,法定代表人变更为梁德根,证券简称变更为"*ST亚太"。从公司的年报中可以看到,该公司的主营业务为房地产开发。

2010年5月4日,深圳证券交易所出具了《关于对海南亚太实业发展股份有限公司的监管函》,指出:"由于你公司2009年度财务报告被国富浩华会计师事务所会计师出具无法表示意见的审计报告,且审计意见之专项说明表示无法判断你公司对非标准意见涉及事项的会计处理是否明显违反会计准则、制度及相关信息披露规范性规定。"2010年12月,经过长达8个月的停牌整改后,公司又重述了2009年财务报告并委托国富浩华会计师事务所进行了审计。国富浩华会计师事务所对本公司重述后的2009年度财务报告审计后认为:"我们无法对亚太实业公司按照持续经营假设编制2009年度财务报表的适当性进行合理判断。"2011年11月30日,公司收到中国证券监督管理委员会下达的〔2011〕48号《行政处罚决定书》,涉及公司2006年未按规定披露对外担保、2007年不实披露资产收购等事项。

2015年6月6日,公司收到证监会海南监管局下发的调查通知书。2015年7月8日,公司收到中国证券监督管理委员会海南监管局下发的《行政监管措施决定书》(2015年第5号)。2016年2月22日公司收到中国证监会《行政处罚决定书》,该决定书对亚太实业及其相关责任人进行了行政处罚。

(二)亚太实业的行业基本面

亚太实业在其2010~2016年年报中,对其所在的行业进行综述,我们整理如下。

2010年度,由于注册会计师出具无法表示意见的审计报告,且审计意见之专项说明表示无法判断公司对非标准意见涉及事项的会计处理是否明确违反会计准则、制度及相关信息披露规范性规定,该公司股票被要求停牌。因此,该公司在2010年度主要处理该项事项,对于行业发展的基本面几乎没有做出具体的报告。

在公司的2011~2016年年报中,该公司指出,"2011年,整个房地产行业调控的形势进一步严峻";"2012年,国家继续坚持房地产市场调控不放松,市场的宏观政策环境并未发生根本的变化";在2013年报告中,该公司并没有对当年度房地产行业做出描述。关于2014年的行业情况，公司认为"2014年，房地产行业对于国民经济虽然仍然具有重要意义，但随着经济结构的优化调整，国民经济对房地产行业的依赖将日益减小；国家继续坚持房地产市场调控不放松，市场的宏观政策环境并未发生根本的变化"；"2015年，楼市新政的主基调为维稳市场，坚持促消费、去库存。在楼市长期萎靡不利形势之下，政府连续出台利好政策，促成刚需释放，对楼市回转起到了至关重要的作用"；"该公司认为，2016年9月以前，房地产市场迎来本轮周期的高点，全年成交规模创历史新高，城市分化态势延续。2016年9月以后，各地政府密集出台调控政策，四季度市场走势渐趋平稳"。

（三）亚太实业的财务指标面

1. 亚太实业盈利能力财务指标情况

根据亚太实业的历年年报，我们可以得到该公司2013~2016年度的主要盈利能力财务指标，如表5-5所示。从该表中可以看出，亚太实业的主要盈利能力指标在2014年跌入了一个低谷，到了2015年大幅回升，而到了2016年再一次下跌。结合亚太实业的业务情况，2014年的大幅亏损，主要原因是商品房销售受国家宏观调控的影响，商品房销售难度增大，由于加大装修成本等策略，虽然提高了商品房质量，但同时也大幅增加了商品房成本。从公司的销售毛利率来看，企业的获利能力比较稳定。

表5-5 亚太实业盈利能力财务指标

年份	2013	2014	2015	2016
每股收益（元/股）	0.0081	-0.0648	0.0359	0.0042
每股净资产（元/股）	0.4617	0.3969	0.0355	0.1137
净资产收益率（平均）（%）	1.7594	-16.3222	14.1377	3.6623
销售毛利率（%）	17.8778	17.7479	21.539	22.7268
销售费用率（%）	3.197	8.004	1.4132	2.2758

2. 亚太实业盈利能力财务指标情况

根据亚太实业的历年年报，我们可以得到该公司2013~2016年度的主要营运能力财务指标。从表5-6中可见,亚太实业的主要营运能力财务指标包括流动资产周转率、总资产周转率和存货周转率,其均呈折线形状变化。2014年开始有所下滑,2015年存货周转率有了较大的提高,而2016年又出现了下滑现象。2014年企业的营运能力较低,随后出现好转。

表5-6　亚太实业营运能力财务指标　　　　　　　单位:次

年度	2013	2014	2015	2016
存货周转率	0.1356	0.0495	0.3764	0.1694
流动资产周转率	0.1606	0.0614	0.3806	0.1719
总资产周转率	0.1215	0.0446	0.3288	0.1612

3. 亚太实业偿债能力财务指标情况

根据亚太实业的历年年报,我们可以得到该公司2013~2016年度的主要偿债能力财务指标,如表5-7所示。从表中可见,该公司的流动比率和速动比率均比较低,反映出其短期偿债能力较弱。同时,公司的流动负债占比在2013年达到了83.2887%,说明该公司2013年的短期偿债压力很大。自2014年至2016年,公司的短期偿债能力有所提高,短期偿债压力减小。从长期偿债能力来看,公司的资产负债率水平逐年增高。

表5-7　亚太实业偿债能力财务指标

年度	2013	2014	2015	2016
流动比率	2.2016	2.0427	2.5456	1.6877
速动比率	-0.1034	-0.2858	0.6362	0.3066
资产负债率(%)	41.9165	52.6886	67.1943	85.3513
流动负债/负债合计(%)	83.2887	63.764	54.124	65.8914

二、亚太实业财务报告内部控制失效的证据陈述

亚太实业财务报告内部控制失效的证据可以从中国证监会对其出具的

行政处罚决定书、注册会计师出具的内部控制审计报告以及其相关内部控制自我评价信息中得到。以下,我们将结合亚太实业所披露的历年年报、内控自我评价报告、内部控制审计报告和中国证监会行政处罚决定书,陈述该公司财务报告内部控制失效的事实。

(一)亚太实业财务报告内部控制失效证据:中国证监会行政处罚决定

2016年1月26日,中国证监会对亚太实业以及梁德根、龚成辉等24名责任人员作出了行政处罚决定。根据该行政处罚决定书,经查明,亚太实业存在以下财务报告信息披露违法行为。

第一,亚太实业投资持股企业济南固锝电子器件有限公司对质量索赔款会计处理不当,导致亚太实业2012年虚减净利润、2013年虚增净利润。

第二,亚太实业2013年未计提所持济南固锝长期股权投资减值准备,导致2013年虚增净利润。

第三,亚太实业控股子公司兰州同创嘉业房地产开发有限公司未按披露的会计政策和《企业会计准则》确认收入,导致亚太实业2010年、2011年、2012年、2014年虚增营业收入,2013年虚减营业收入。

(二)亚太实业财务报告内部控制失效证据:内部控制审计意见

2015年4月30日,由瑞华会计师事务所出具的2014年度"亚太实业内部控制审计报告"对该公司的财务报告内部控制出具了"无保留意见加事项段"的审计意见;2016年4月30日,由希格玛会计师事务所出具的2015年度"亚太实业内部控制审计报告",2017年4月30日,由利安达会计师事务所出具的2016年度"亚太实业内部控制审计报告",均对该公司的财务报告内部控制出具"否定意见"的审计意见。

1. 亚太实业2014年度财务报告内部控制审计意见

2015年4月30日,由瑞华会计师事务所出具的2014年度"亚太实业内部控制审计报告"对该公司的财务报告内部控制出具了"无保留意见加事项段"的审计意见。在此审计报告中,事务所特别提醒内部控制审计报告的使用者关注以下事项:"第一,亚太实业公司的控股子公司兰州同创嘉业房地产开发有限公司所经营的房地产开发业务活动由亚太实业公司的同一控制人控制的关联方兰州亚太实业(集团)股份有限公司组织实施和管理；同时亚太实业公司与受同一控制人控制的关联方存在经营相同业务——房地产业务的情况，公司控制环境存在重大缺陷。第二，亚太实业公司没有设置内部审计部门，没有执行内部控制监督制度。"

2. 亚太实业 2015 年度财务报告内部控制重大缺陷与审计意见

2016 年 4 月 30 日，由希格玛会计师事务所出具了否定意见的 2015 年度"亚太实业内部控制审计报告"。该审计报告指出，亚太实业存在如下重大缺陷，并出具了财务报告内部控制审计否定意见：①资产减值评估缺乏必要的减值证据；②收入确认时点错误，缺乏核对收入原始凭证；③未能执行内部控制监督和报告制度。

3. 亚太实业 2016 年度财务报告内部控制重大缺陷与审计意见

2017 年 4 月 30 日，由利安达会计师事务所出具了否定意见的 2016 年度"亚太实业内部控制审计报告"。该审计报告指出，亚太实业公司存在如下重大缺陷，并出具了财务报告内部控制审计否定意见：①关联方往来款项会计处理错误，资金管理失控；②成本核算不实，成本管理内控失效。

（三）亚太实业财务报告内部控制失效证据：内部控制自我评价报告

1. 亚太实业 2013 年度内部控制自我评价报告

公司建立了完善的法人治理结构，现有内部控制体系运行正常，基本能够适应公司现行管理的要求和公司发展的需要。报告期内，公司贯彻落实执行现有内部控制制度，在公司经营管理各个关键环节发挥了较好的管理控制作用，对公司各项业务的健康运行及经营风险控制提供了保证。同时公司经营管理层应根据财政部及各级监管部门的要求，尽快建立起以风险管理为导向的内控体系，并不断加以改进和完善，以切实保护公司和投资者的利益。

2. 亚太实业 2014 年度内部控制自我评价报告

根据上述财务报告内部控制缺陷的认定标准，报告期内公司不存在重大内部控制缺陷和重要内部控制缺陷，一般内部控制缺陷已经立即整改完毕或者将在规定时间内进行整改。

3. 亚太实业 2015 年度内部控制自我评价报告

亚太实业在 2015 年的年报中指出："报告期内公司不存在重大内部控制缺陷和重要内部控制缺陷，一般内部控制缺陷已经立即整改完毕或者将在规定时间内进行整改。"报告中指出了缺陷及整改措施。

4. 亚太实业 2016 年度内部控制自我评价报告

亚太实业在 2016 年度内部控制的自我评价报告中指出，鉴于希格玛会计师事务所对公司 2015 年度的内部控制有效性出具了"否定意见"的审计报告，公司在 2016 年主动、积极地采取了一系列具体改进措施，但公司内部控制仍存在不足。

（四）亚太实业财务报告内部控制失效证据的小结

根据以上相关证据的梳理，我们认为，中国证监会对亚太实业 2012 年和 2013 年财务报告信息披露违法行为的处罚决定，有力地证明了该公司 2012 年和 2013 年财务报告内部控制是失效的。同时，2015 年和 2016 年连续两年会计师事务所对其财务报告内部控制出具了否定审计意见。综上，我们认为亚太实业财务报告内部控制在 2012~2016 年处在失效的状态（见表 5-8）。

表 5-8 亚太实业财务报告内部控制失效证据的小结

年度	中国证监会的处罚决定	内部控制审计意见及重大缺陷	内部控制自我评价结论及缺陷
2012	亚太实业投资持股企业济南固锝电子器件有限公司对质量索赔款会计处理不当，导致亚太实业 2012 年虚减净利润	无	无重大缺陷，财务报告内部控制有效
2013	亚太实业 2013 年未计提所持济南固锝长期股权投资减值准备，导致 2013 年虚增净利润； 亚太实业投资持股企业济南固锝电子器件有限公司对质量索赔款会计处理不当，导致亚太实业 2013 年虚增净利润； 亚太实业控股子公司兰州同创嘉业房地产开发有限公司未按披露的会计政策和《企业会计准则》确认收入，2013 年虚减营业收入	无	无重大缺陷，财务报告内部控制有效

续表

年度	中国证监会的处罚决定	内部控制审计意见及重大缺陷	内部控制自我评价结论及缺陷
2014	亚太实业控股子公司兰州同创嘉业房地产开发有限公司未按披露的会计政策和《企业会计准则》确认收入，2014年虚增减营业收入	带有强调事件的无保留意见：①子公司同创嘉业所经营的房地产开发业务活动由亚太实业公司的同一控制人控制的关联方兰州亚太实业公司与受同一控制人控制的关联方存在经营相同业务——房地产业务的情况，公司控制环境存在重大缺陷。②亚太实业公司没有设置内部审计部门，没有执行内部控制监督制度	无重大缺陷，财务报告内部控制有效
2015	无	否定审计意见：①亚太实业未能定期执行资产减值测试，或在资产减值评估过程中未发现已表明该资产减值的客观证据。②亚太实业未按照披露的收入确认会计政策确认收入的期间，或在确认收入时没有核对确认收入的原始凭证。③亚太实业未能在执行内部控制监督过程中有效地执行与识别内部控制的缺陷并评价缺陷重要性的相关程序，分析缺陷的性质和产生的原因，提出整改方案，采取适当的形式及时向董事会、监事会或者经理层报告	无重大缺陷，财务报告内部控制有效
2016	无	否定审计意见：①子公司同创嘉业2009年会计处理错误，至2016年进行前期会计差错。②2016年调减2009年取得土地的成本，调增2008~2012年关联方代垫取得的土地成本	财务报告内部控制出现诸如"子公司同创嘉业会计处理错误"等重大或重要缺陷，财务报告内部控制失效

三、亚太实业财务报告内部控制失效的特征分析

(一) 亚太实业财务报告内部控制失效之控制环境特征

公司的内控环境是内部控制制度的基础，为内部控制的有效实施提供了重要的氛围和制度保障。根据亚太实业公司披露的信息以及一些媒体的报道，我们认为该公司在控制环境中存在管理层文化水平偏低的问题。根据披露的信息，我们可以看出，亚太实业的高管学历偏低，除了独立董事的学历偏高，其余高管大部分的学历以大专居多。作为一个公司的高层，要对公司的发展审议并决定经营方针、具体政策、规章制度、重大措施，审定跃升期发展规划、年度计划调整方案、财务预决算及检查执行情况，决定机构设置方案等。如果高层人员的学历偏低，那么在一些问题上就无法做到及时、有深度的解决，对于公司的未来发展走势也无法做到合理的预测和规划。除了上述的高层学历背景，从亚太实业的年报中还了解到 2015 年职工总数为 107 人，其中硕士学历 5 人，本科 27 人，大中专 32 人，其他 43 人；到了 2016 年，职工总数为 33 人，大专学历以上 28 人，大专以下 5 人。由此可以看出，2015~2016 年亚太实业人员流动比较大，人员文化水平偏低。

(二) 亚太实业财务报告内部控制失效之风险评估特征

风险评估包括风险识别、风险评估和风险应对等一系列过程。对于亚太实业来说，主要是缺少对公司重要风险的识别与评估。第一，政策方面存在的风险：国家对于房地产业的重视程度与日俱增，对于房地产业的政策调控也日益频繁。现阶段较高的房价与较多人认可的房地产泡沫问题可能会导致政府制定对于房地产业盈利能力有负面影响的政策。第二，市场方面存在的风险：两极分化，一线与上层的二线城市的销售与其他城市的销售呈两极分化。一线与上层的二线城市呈现供不应求的状态，但是其余城市由于经年的库存积压导致市场的不景气。亚太实业主要销售市场位于兰州，缺少对其销售市场的风险评估。第三，产业方面存在的风险：国家正在谋求房地产业的转型发展，其传统经营模式可能落后于时代的风险，

未能得到有效评估。第四，人才方面存在的风险：学历过低的人才队伍会对公司的经营与扩张方面形成制约，同时较低的学历也对公司未来的发展造成不小的影响。亚太实业高层管理人员及其员工的学历普遍偏低，而且高层管理人员并没有意识到此问题对公司未来发展造成的影响。

(三) 亚太实业财务报告内部控制失效之控制活动特征

针对亚太实业案例，该公司主要存在会计系统控制活动失效的问题。第一，亚太实业子公司济南固锝，在处理质量索赔款、长期股权投资减值准备计提等业务上，存在明显的会计处理不当。第二，亚太实业子公司兰州同创嘉业房地产开发有限公司在处理2010~2014年收入业务中，未按照会计准则确认收入。另外，兰州同创嘉业房地产开发有限公司在处理控制股东及其他关联方往来款项等业务上，也存在重大的会计差错和舞弊情况。因此，该公司存在长期的会计控制失效的情况。会计控制失效与资金管理不当导致企业面临着财务风险，可能在企业需要资金进行正常运营的时候不能及时提供，导致公司无法正常运营。若公司的资金管理出现重大缺陷，可能会导致公司面临破产倒闭。

第三节 凯迪生态财务报告内部控制失效案例分析

本节首先对凯迪生态的各个方面进行较为详细的说明；然后从其财务报告内部控制审计以及中国证监会对其财务报告信息披露等问题的行政处罚决定两个方面，呈现其财务报告内部控制失效的事实；最后在上述信息的基础上，对其财务报告内部控制失效的特征展开分析与讨论。

一、凯迪生态公司面面观

鉴于凯迪生态的财务报告内部控制审计意见被审计师出具"否定意见"的时间是2017年、2018年和2019年，以及该公司被中国证监会行政处罚确定的虚假财务信息披露行为发生的时间是 2015~2017 年，因此我们重点对 2014~2019 年度的该公司各方面展开介绍。

（一）凯迪生态公司简介

凯迪生态，全称"凯迪生态环境科技股份有限公司"。凯迪生态成立于 1993 年 2 月 26 日，1999 年 9 月 23 日在深圳证券交易所挂牌交易，股票名称及代码为凯迪生态（000939）。凯迪生态是一家以生物质发电为主营业务，兼顾风电、水电的清洁能源平台型公司。

2019 年 5 月 6 日，凯迪生态发布公告称，因公司信息披露涉嫌违反证券法律法规，中国证券监督管理委员会决定对公司进行立案调查。

2020 年 5 月 12 日，凯迪生态发布公告称，公司于 2020 年 5 月 11 日收到中国证监会下发的《中国证券监督管理委员会行政处罚决定书》（〔2020〕19 号），对相关违法行为的处罚措施进行公告。

2020 年 9 月 29 日，凯迪生态发布《关于公司股票可能被终止上市的风险提示公告》指出，公司存在被终止上市的风险。

2020 年 12 月 16 日，凯迪生态发布公告称，2020 年 10 月 28 日收到深圳证券交易所《关于凯迪生态环境科技股份有限公司终止上市的决定》（深证上〔2020〕979 号），深圳证券交易所决定公司股票终止上市。

（二）凯迪生态的行业基本面

凯迪生态在其 2015~2019 年年报中，对其所在的行业进行了综述，我们对其进行了整理。该公司指出"生物质发电是利用生物质所具有的生物质能进行发电，是可再生能源发电……生物质发电行业的标杆企业在技术、成本方面已经具有明显优势，已投产生物质发电项目的盈利能力已逐步显现，直燃生物质开发利用已经初步产业化……随着生物质能产业化程度的提升、我国政府对农林废弃物收集处理的重视，基于我国丰富的生物质资源，行业未来的利用空间非常广阔"（源自公司 2015 年年报）；"生物质能源产业在国内能源行业中虽然仍处于成长阶段，但高度契合了国家秸秆禁烧、雾霾环保治理和国家精准扶贫战略，正迎来国家能源战略转型发展各项政策利好时机"（源自公司 2016 年年报）；"生物质能源产业在国内能源行业中虽然仍处于成长阶段，但高度契合了国家秸秆禁烧、雾霾环保治理和国家精准扶贫战略,正迎来国家能源战略转型发展各项政策利好时机"(源自公司 2017 年年报);"生物质能源与风能、太阳能相比,具有连续、稳定的电能、热能、燃气、燃油、冷源五种核心能源商品,且储量丰富,开发潜力大,分布广泛"(源自公司 2019 年年报)。

综上,我们认为,鉴于生物质发电是国家未来发展趋势,存在政策扶持,并且生物质能源储量丰富、开发潜力,该公司的生物质发电领域的风险较低,运营比较稳定。但是凯迪生态在这几年存在较大的债务危机,公司陷入困境。

(三) 凯迪生态的财务指标面

1. 凯迪生态盈利能力财务指标情况

根据凯迪生态的历年年报可以得到该公司 2014~2019 年度的主要盈利能力财务指标,如表 5-9 所示。从该表中可以看出,凯迪生态的主要盈利能力指标在 2017 年、2018 年和 2019 年跌入了一个低谷,连续三年公司亏损。

表 5-9 凯迪生态盈利能力财务指标

年度	2014	2015	2016	2017	2018	2019
每股收益(元/股)	0.30	0.28	0.11	-1.38	-1.22	-0.96
每股净资产(元/股)	2.94	4.79	5.82	1.61	0.31	-0.64
净资产收益率(平均)(%)	7.87	5.55	4.24	-57.37	-136.05	553.47
销售毛利率(%)	24.11	29.65	33.50	11.62	-50.75	15.81
销售费用率(%)	0.29	0.21	0.16	0.14	0.29	0.30

2. 凯迪生态盈利能力财务指标情况

根据凯迪生态公司的历年年报可以得到该公司 2014~2019 年度的主要营运能力财务指标,如表 5-10 所示。从表中可见,凯迪生态的主要营运能力财务指标在这几年里,总资产周转率保持较为稳定。但是,从存货周转率与应收账款周转率来看,波动较大。

表 5-10 凯迪生态营运能力财务指标　　　　　　　　单位：次

年度	2014	2015	2016	2017	2018	2019
存货周转率	3.90	1.03	0.86	1.63	2.21	1.41
应收账款周转率	1.66	1.83	2.80	2.42	1.13	1.44
总资产周转率	0.22	0.12	0.13	0.14	0.07	0.09

3. 凯迪生态偿债能力财务指标情况

根据凯迪生态的历年年报可以得到该公司 2014~2019 年度的主要偿债能力财务指标，如表 5-11 所示。从表中可见，该公司 2018 年和 2019 年的流动比率和速动比率均比较低，反映出这期间其短期偿债能力较弱。同时，公司的流动负债在 2014~2017 年占比约 50%。从 2018 年开始均达到了 80% 以上，说明该公司的短期偿债压力很大。从长期偿债能力来看，公司的资产负债率水平相对较高。

表 5-11 凯迪生态偿债能力财务指标

年度	2014	2015	2016	2017	2018	2019
流动比率	0.72	0.64	1.39	0.53	0.24	0.22
速动比率	0.58	0.38	1.03	0.43	0.18	0.14
资产负债率（%）	76.25	75.89	68.96	81.14	94.13	109.00
流动负债/负债合计（%）	53.03	54.58	40.68	57.55	80.82	86.67

二、凯迪生态财务报告内部控制失效的证据陈述

凯迪生态财务报告内部控制失效的证据可以从审计师所出具的公司内部控制的审计意见以及中国证监会对其财务报告虚假信息披露的行政处罚中得到清晰的界定。以下，我们将结合凯迪生态所披露的年度报告、内部控制自我评价报告、内部控制审计报告，以及中国证监会的行政处罚决定书，陈述该公司财务报告内部控制失效的事实。

（一）凯迪生态财务报告内部控制失效证据：中国证监会行政处罚决定

中国证监会行政处罚决定书指出："2015 年 1 月 1 日至 2017 年 12 月 31 日期间，部分借款费用资本化的在建电厂存在停建情形。2015 年、2016 年、2017 年，凯迪生态分别有 75 家、36 家、34 家在建电厂建设发生非正常中断且中断时间连续超过 3 个月。2015 年、2016 年、2017 年凯迪生态上述电厂建设中断期间借款费用资本化金额分别为 150253821.08 元、272808639.77 元、209114154.48 元。"

"依据《企业会计准则第 17 号——借款费用》第四条、第五条、第十一条的规定及凯迪生态会计政策，符合资本化条件的资产在购建或者生产过程中发生非正常中断且中断时间连续超过 3 个月的，应当暂停借款费用的资本化。在中断期间发生的借款费用应当确认为费用，计入当期损益，直至资产的购建或者生产活动重新开始。凯迪生态并未按照《企业会计准则第 17 号——借款费用》的相关规定，暂停上述停建电厂的借款费用资本化的会计处理，导致 2015 年、2016 年、2017 年财务报告存在虚增在建工程、虚减财务费用、虚增利润总额的情形。其中，2015 年度虚增在建工程、虚减财务费用、虚增利润总额 150253821.08 元；2016 年度虚增在建工程、虚减财务费用、虚增利润总额 272808639.77 元；2017 年度虚增在建工程、虚减财务费用、虚增利润总额 209114154.48 元。"

（二）凯迪生态财务报告内部控制失效证据：内部控制审计意见

2018 年 6 月 28 日由中审众环会计师事务所出具的 2017 年度"凯迪生态内部控制审计报告"，2019 年 4 月 29 日由大华会计师事务所出具的 2018 年度"凯迪生态内部控制审计报告"，2020 年 9 月 30 日由希格玛会计师事务所出具的 2019 年度"凯迪生态内部控制审计报告"，均对该公司的财务报告内部控制出具了"否定审计意见"。另外，凯迪生态公司披露的 2015~2016 年度的内部控制审计报告均是"带强调事项段无保留意见"。2014 年度的内部控制审计报告是"标准无保留意见"。

1. 凯迪生态 2017 年度财务报告内部控制重大缺陷与审计意见

2018 年 6 月 28 日，中审众环会计师事务所出具了 2017 年度"凯迪生态内部控制审计报告"。该内控审计报告指出，在本次内部控制审计中，会计师事务所注意到凯迪生态公司的财务报告内部控制存在以下重大缺陷，并出具了内部控制审计否定意见：①控股股东凌驾于凯迪生态内部控制之上；②未执行资产减值测试；③关联方及关联交易完整性和披露准确性缺失；④违规使用募集资金；等等。

2. 凯迪生态2018年度财务报告内部控制重大缺陷与审计意见

2019年4月29日，大华会计师事务所出具了2018年度"凯迪生态内部控制审计报告"。该内控审计报告指出，在本次内部控制审计中，会计师事务所注意到凯迪生态公司的财务报告内部控制存在以下重大缺陷，并出具了内部控制审计否定意见：①记账凭证审核制度未履行；②募集资金的使用违规。

3. 凯迪生态2019年度财务报告内部控制重大缺陷与审计意见

2020年9月30日，希格玛会计师事务所出具了2019年度"凯迪生态内部控制审计报告"。该内控审计报告指出，在本次内部控制审计中，会计师事务所注意到凯迪生态公司的财务报告内部控制存在以下重大缺陷，并出具了内部控制审计否定意见：①子公司财务报表和账套数据存在不相符；②资金管控存在重大缺陷；③内部治理缺失；④子公司管控失效。

（三）凯迪生态财务报告内部控制失效证据：内部控制自我评价报告

1. 凯迪生态2014年度内部控制自我评价报告

凯迪生态在2014年度内部控制自我评价报告指出"报告期内，公司未发现存在内部控制重大缺陷的情况"。

2. 凯迪生态2015年度内部控制自我评价报告

2016年4月27日，凯迪生态发布其2015年内部控制自我评价报告，该报告指出，"公司已按照企业内部控制规范体系和相关规定的要求在所有重大或重要方面保持了有效的财务报告内部控制"。

3. 凯迪生态2016年度内部控制自我评价报告

2017年4月21日，凯迪生态发布其2016年内部控制自我评价报告，该报告指出，"公司已按照企业内部控制规范体系和相关规定的要求在所有重大或重要方面保持了有效的财务报告内部控制"。

4. 凯迪生态2017年度内部控制自我评价报告

2018年6月27日，凯迪生态发布其2017年内部控制自我评价报告，该报告指出："公司于内部控制评价报告基准日，公司针对所识别的2项财务报告内部控制重大缺陷,已对报表的影响进行了相应的更正。自内部控制评价报告基准日至内部控制评价报告发出日之间未发生影响内部控制有效性评价结论的因素。公司于内部控制评价报告基准日,纠正了2016年度一项财务报告内部控制缺陷。即纠正了因技改支出、职工薪酬、宣传费用的核算不符合会计准则相关规定,导致2016年度多计税前利润2602.38万元的情况。"报告中指出了多项重大和重要缺陷:①未识别关联方;②违规使用的募集资金及关联方占款。

5. 凯迪生态2018年度内部控制自我评价报告

2019年4月25日,凯迪生态发布其2018年内部控制自我评价报告,该报告指出,"根据公司财务报告内部控制重大缺陷的认定情况,于内部控制评价报告基准日,发现两项财务报告内部控制缺陷:①会计凭证未审核;②违规使用募集资金"。

6. 凯迪生态2019年度内部控制自我评价报告

2020年9月29日,凯迪生态发布其2019年内部控制自我评价报告,报告指出:"内部控制评价报告基准日,发现2019年度内部控制主要缺陷包括:①违规使用募集资金;②内部治理缺失;③子公司的管控失效。"

(四) 凯迪生态财务报告内部控制失效证据的小结

根据以上相关证据的梳理,我们认为,中国证监会对凯迪生态2015年、2016年和2017年财务报告信息披露违法行为的处罚决定,有力地证明了该公司2015~2017年财务报告内部控制是失效的。同时,2017年、2018年和2019年连续三年会计师事务所对其财务报告内部控制出具了否定审计意见。综上,我们认为,凯迪生态财务报告内部控制在2015~2019年处于失效的状态(见表5-12)。

表5-12 凯迪生态财务报告内部控制失效证据的小结

年度	中国证监会的处罚决定	内部控制审计意见及重大缺陷	内部控制自我评价结论及缺陷
2014	无	标准无保留意见,财务报告内部控制有效	无重大缺陷,财务报告内部控制有效

续表

年度	中国证监会的处罚决定	内部控制审计意见及重大缺陷	内部控制自我评价结论及缺陷
2015	2015年度财务信息造假：虚增在建工程、虚减财务费用、虚增利润总额	带强调事项段无保留意见：凯迪生态公司按照《公司内部控制基本规范》和相关规定在所有重大方面保持了有效的财务报告内部控制。非财务内部控制存在一定缺陷，公司年度财务数据与公开披露的业绩预告数据存在重大差异，财务重要岗位相关人员在部分时间未能实际履职	无重大缺陷，财务报告内部控制有效
2016	2016年度财务信息造假：虚增在建工程、虚减财务费用、虚增利润总额	带强调事项段无保留意见：根据凯迪生态公司于2016年12月26日发布的《重大事项公告》，2016年12月23日，凯迪生态公司从武汉市公安局获知，公司董事总裁陈义生因涉嫌职务侵占罪，被武汉市公安局刑事拘留	无重大缺陷，财务报告内部控制有效
2017	2017年度财务信息造假：虚增在建工程、虚减财务费用、虚增利润总额	否定审计意见，内部控制存在重大缺陷： ①凯迪生态查阅2017年之前财务资料包括会计凭证等需经凯迪生态控股股东阳光凯迪新能源集团有限公司有关人员审批，表明控股股东凌驾于凯迪生态内部控制之上。 ②凯迪生态期末未执行资产减值测试，或在资产减值测试过程中未发现已表明该资产已发生减值的客观证据。上述重大缺陷影响了财务报表中固定资产、在建工程的计价以及资产减值的准确性。 ③凯迪生态在执行关联方识别过程中未能识别出中薪油武汉化工工程技术有限公司与凯迪生态的关联方关系，影响财务报表中关联方及关联交易完整性和披露准确性。 ④凯迪生态违规使用募集资金未及时履行披露义务、未对子公司格薪源生物质燃料有限公司与关联方武汉金湖科技有限公司的关联交易履行相关的审批和披露，表明凯迪生态内部信息与沟通的控制、内部监督控制以及管理层和治理层凌驾于控制之上的风险而设计的控制等方面存在重大缺陷	财务报告内部控制存在缺陷： ①未识别关联方的问题； ②违规使用的募集资金及关联方占款问题

续表

年度	中国证监会的处罚决定	内部控制审计意见及重大缺陷	内部控制自我评价结论及缺陷
2018	无	否定审计意见，内部控制存在重大缺陷： ①记账凭证编制完成后需经过审核才能记账，且需不同的人进行编制和审核，2018年10月以前，记账凭证在编制完成后没有经过审核。 ②2018年度募集资金的使用未经有效审核，2018年1月，凯迪生态将募集资金账户共计40278.50万元的募集资金转出，未用于募投项目，资金转出未经审批	财务报告内部控制存在缺陷： ①记账凭证在编制完成后没有经过审核； ②募集资金的使用未经有效审核
2019	无	否定审计意见，内部控制存在重大缺陷： ①财务报告编制相关的内部控制存在重大缺陷。 ②公司资金管控存在重大缺陷。 ③公司内部治理存在重大缺陷。 ④对子公司的管控存在重大缺陷	财务报告内部控制存在缺陷： ①债务危机发生后，违规使用募集账户资金，公司资金管控存在重大缺陷； ②债务危机发生后，公司治理层和管理层人员变动频繁，多个重要岗位人员缺失，导致公司内部治理存在重大缺陷； ③对个别子公司管控存在重大缺陷

三、凯迪生态财务报告内部控制失效的特征分析

凯迪生态的内部控制失效事件体现在三方面：业绩涉嫌造假、信息披露违规和隐瞒关联方。以下，我们将根据COSO的内部控制五要素，展开对凯迪生态财务报告内部控制失效特征的分析。

（一）凯迪生态财务报告内部控制失效之控制环境特征

公司的内控环境是内部控制制度的基础，为内部控制的有效实施提供

了重要的氛围和制度保障。根据凯迪生态披露的信息以及一些媒体的报道，我们认为该公司在控制环境中存在人力资源开发机制不健全问题。凯迪生态的人力资源开发机制不健全是公司内部控制存在缺陷的一大原因。第一，公司人员专业性水平较低，无法适应科技发展。电力行业是科技密集型行业，随着时间的推移，会不断出现各种类型的新设备和新产品。由于历史原因，凯迪生态缺乏规范的准入和准出机制。员工缺乏不断提升自我专业能力的动力，领导层往往将专业技能集中于某一方面，无法满足复合型发展需求。第二，公司人才储备不充足，如缺乏内部审计人才，导致公司内部审计资源与资产规模不匹配。

（二）凯迪生态财务报告内部控制失效之风险评估特征

每个企业都会面临来自内外部的风险，必须对这些风险进行不断的评估。风险评估是风险识别、风险评估和风险应对的一系列过程，对于凯迪生态而言，主要是对风险缺少识别，主要表现在缺乏对公司战略发展的定位和风险评价方面。第一，凯迪生态对电力体制改革对其经营的风险没有给予足够的重视，更没有建立起有效的风险管理机制。第二，在电力行业放开配电与售电市场后，凯迪生态遇到了前所未有的市场竞争态势。在市场化风险日益加剧的背景下，凯迪生态却保留着一些"感觉良好"的自我评价，更无法审慎识别和评估市场化风险。

（三）凯迪生态财务报告内部控制失效之控制活动特征

凯迪生态存在两大控制活动失效的情况：①对子公司管控存在缺陷；凯迪生态投资持有郑州煤炭工业（集团）杨河煤业有限公司60%股权，并将其纳入合并报表范围。在2019年审计过程中，注册会计师无法判断该公司财务报表的合法性、真实性和公允性，对该公司的管控存在重大缺陷。凯迪生态对纳入报表范围内的子公司缺乏有效的管控，导致子公司的财务报表无法审计。凯迪生态应加强对子公司的管控。②对资金管控存在缺陷。在凯迪生态内部控制自我评价报告中显示，由于涉及司法诉讼，公司238个银行账户已被冻结，部分子公司未能通过正常结算渠道进行资金收付。28家子公司已与债权人、当地政府和开户银行签订了封闭运营协议，公司已对这些子公司的资金管理失去控制权。公司204个银行账户长期存在未达账项,但未执行银行存款余额调节表编制控制程序。未经董事会批准,公司 2019 年 4 月 25 日分别从 5 个募集资金账户累计转出 222.90 万元用于支付当期费用,2019 年 5 月 15 日归还。因未履行司法判决,公司 2 个募集资金账户的 399.57 万元被法院扣划,8 个募集资金账户被法院冻结。凯迪生态出现募集资金挪作他用的情况,主要是因为对资金管控存在缺陷,对子公司的资金管理失去控制权,未执行银行存款余额调节表等程序。

(四)凯迪生态财务报告内部控制失效之信息与沟通特征

凯迪生态在以下两个方面存在严重不足:①公司未及时履行信息披露义务。2017 年凯迪生态在执行关联方识别过程中未能识别出中薪油武汉化工工程技术有限公司与凯迪生态的关联方关系,影响财务报表中关联方及关联交易完整性和披露准确性。当上市公司的业绩预告与实际情况存在严重不符时,应及时向社会声明,但凯迪生态公司并未及时作出声明,而是拖延到 2015 年年报公布前一天。同时,当媒体揭露公司问题时,凯迪生态没有第一时间自查并向社会说明,而是等到证监会调查。凯迪生态未能及时履行信息披露义务,存在对外信息沟通效率低下的问题。②公司内部沟通平台不健全。凯迪生态规模庞大,从横向来看,部门数量多,业务复杂;从纵向来看,管理链条冗长。领导层与子公司,以及子公司之间没有建立有效的内部沟通平台,导致内部信息传递不及时。

(五)凯迪生态财务报告内部控制失效之监督原因

凯迪生态在内控的监督层面仍然存在不够深入的问题。首先,凯迪生态的主营业务是生物质发电,电力体制改革与凯迪生态公司密切相关。凯迪生态公司缺乏专门针对营销活动或电力交易的监督,难以发现营销环节与电力交易环节的缺陷。其次,凯迪生态内部审计职能较弱。凯迪生态自 2015 年资产重组后,审计资源与资产规模相差甚远。公司长期缺乏审计人才,切实实施的审计项目数量稀少,难以做到对公司经营绩效和价值创造的完善和提高。

第六章
我国上市公司财务报告内部控制失效典型案例分析：非主板篇

据第三章的相关统计，从 2010 年至 2019 年底，中小板和创业板等非主板上市公司财务报告内部控制鉴证意见为否定意见的数量为 74 家，占披露财务报告内部控制鉴证意见的非主板上市公司总数的比重为 1%。上述公司中，又被中国证监会行政处罚的公司共 17 家（共涉及 19 次行政处罚），占财务报告内部控制鉴证意见为否定意见的非主板上市公司的比重约 23%。本章将从上述 17 家公司中，以涉案金额、影响程度等条件，筛选了三家典型的非主板上市公司财务报告内部控制失效典型案例展开分析。

第一节 康得新财务报告内部控制失效案例分析

本节首先对康得新的各个方面进行较为详细的说明；然后从其财务报告内部控制审计以及中国证监会对其财务报告信息披露等问题的行政处罚决定两个方面，呈现其财务报告内部控制失效的事实；最后在上述信息的基础上，对其财务报告内部控制失效的特征展开分析与讨论。

一、康得新公司面面观

鉴于康得新的财务报告审计意见被审计师出具"无法表示意见"的时间是 2018 年和 2019 年，财务报告内部控制审计意见被审计师出具"否定意见"的时间是 2019 年，以及该公司被中国证监会行政处罚确定的虚假财务信息披露行为发生的时间是 2015~2018 年，因此我们重点对 2014~2019 年度的该公司各方面展开介绍。

（一）康得新公司简介

康得新，全称"康得新复合材料集团股份有限公司"（股票代码：002450），成立于2001年8月。2010年，康得新在深圳A股挂牌上市。2011年，康得新进军光学膜领域，经过数年发展，预涂膜技术世界领先，光电膜技术居全国首位。同时，智能显示、高分子材料和碳纤维领域也成为国内标杆。2017年，康得新入选《福布斯》"全球最具创新力百强企业"第47位，同时成为A股上市公司行业冠军，市值逼近千亿元，是名副其实的"白马股"。2018年8月3日，康得新发布公告，由于合同纠纷原因，控股股东所持有的占总股本0.08%的283.52万股股份被冻结。

2018年10月28日，康得新发布公告称，公司收到中国证券监督管理委员会通知，因未披露股东间的一致行动关系，公司、康得集团、钟玉先生及中泰创赢、中泰创展涉嫌信息披露违法违规，根据《中华人民共和国证券法》的有关规定被证监会立案调查（公告编号：2018-119）。

2019年4月29日，康得新公布2018年年报，10名董监高人员对年报表示无法保证内容真实、准确、完整，其中三名独立董事更是对公司在北京银行西单支行的122.1亿元存款真实性提出强烈质疑。2019年4月30日，由于2018年年报被瑞华会计师事务所出具"无法表示意见"的审计报告，康得新股票被实行"退市风险警示"特别处理，股票简称由"ST康得新"变更为"*ST康得新"，实行退市风险警示后股票交易的日涨跌幅限制为5%。2019年7月5日，康得新发布公告，公司股票可能被实施重大违法强制退市，公司股票自2019年7月8日起停牌。2019年12月17日，经苏州市人民检察院批准，钟玉因涉嫌犯罪被执行逮捕。

2020年6月11日，康得新发布公告称，公司收到中国证券监督管理委员会送达的《调查通知书》（编号为：稽总调查字200506号），中国证监会决定对康得集团立案调查。2020年7月7日，深交所决定公司股票自2020年7月10日起暂停上市。2020年9月28日，康得新发布公告称于9月27日收到《中国证券监督管理委员会行政处罚决定书》及《中国证券监督管理委员会市场禁入决定书》，公司以及实际控制人钟玉等12人受到中国证监会行政处罚。

(二) 康得新的行业基本面

康得新在其 2014~2019 年年报中，对其所在的行业进行了综述。例如，该公司在其 2014 年年报中指出："公司由新兴材料产业、3D 智能显示信息产业、新能源电动车三大板块构成的产业新格局面临着发展的机遇……公司三大产业板块属于国家政策重点扶持的'互联网+'新兴产业，为碳纤维和碳纤维复合材料的发展正在展示一个广阔的发展空间"；该公司在其 2015 年年报中仍然指出先进高分子材料板块的行业前景，同时也提出"公司的核心技术包括原材料配方、预涂膜及光学膜生产工艺与设备改造技术等都掌握在核心技术人员和部分中、高级管理人员手中。人才流失不仅会使公司面临技术泄密的风险，还会使公司的日常经营活动受到严重影响"等风险的存在。在 2016 年年报中，该公司更多地强调宏观环境颠覆和变革给公司带来的机遇和挑战，从技术上的颠覆性创新、商业革命的到来、国家推进"互联网+"，包括英国脱欧及美国大选四个方面强调公司只有进行组织创新、颠覆性技术创新和商业模式创新，才能保持行业竞争优势。在 2017 年的年报中，公司介绍了所属的先进高分子材料行业的发展阶段"十三五"时期国家战略性新兴产业发展规划中，与公司相关的领域合计需求达到 30 万亿元。而在之后的 2018~2019 年年报中，康得新更多强调了该公司因债项违约、银行账户被冻结、公司涉及多起诉讼等事项以及内部控制出现多项重大缺陷而面临严峻的发展局面，比如与持续经营相关的风险、客户及市场份额流失的风险、核心竞争力受损失、新冠肺炎疫情冲击以及贸易争端影响等风险。

(三) 康得新的财务指标面

1. 康得新盈利能力财务指标情况

根据康得新的历年年报，可以得到该公司 2014~2019 年度的主要盈利能力财务指标，如表 6-1 所示。康得新的主要盈利能力指标在 2014 年表现良好，2015~2017 年呈下降趋势，而在 2018 年和 2019 年大幅下降，每股收益和净资产收益率甚至出现负值。结合康得新的业务情况，2018 年盈利能力下降，净资产收益率和每股收益出现明显下降，幅度达到 82%。由于公司对碳纤维行业的大量投资，使公司大量资金被占用，整体盈利能力有所降低。2019年每股收益和净资产收益率由正转负，巨幅下滑，主要原因系公司资金紧张、经营资金紧缺、生产效率下降所致，进而影响经营业绩。而2019年康得新的销售费用率显著上升，主要系报告期债务危机，金融负债利息支出增加，财务费用同比增长66.65%所致。

表6-1　康得新公司盈利能力财务指标

年度	2014	2015	2016	2017	2018	2019
每股收益（元/股）	1.06	0.98	0.60	0.70	0.13	-1.93
每股净资产（元/股）	5.07	5.73	4.42	5.10	5.18	3.24
净资产收益率（平均）（%）	20.72	15.25	12.59	13.73	2.51	-59.56
销售毛利率（%）	39.10	37.34	40.45	39.92	40.02	14.95
销售费用率（%）	1.89	2.20	2.60	2.85	4.58	14.92

2. 康得新营运能力财务指标情况

根据康得新的历年年报，可以得到该公司2014~2019年度的主要营运能力财务指标，如表6-2所示。从表中可见，康得新的主要营运能力财务指标在这几年里，应收账款的周转率在2014~2018年保持了较为稳定的水平，而在2019年显著下降，主要系营业收入同比下降83.83%，而应收账款因到期货款回收及债务重组同比下降44.14%所致。存货周转率在2014~2018年呈现下滑趋势，而在2019年大幅下降，主要原因是公司资金紧张，可用于生产及采购的资金紧缺，进而导致营业成本同比下降77.07%，而因呆滞物料处理及库存控制管理，存货同比下降38.46%。

表6-2　康得新营运能力财务指标　　　　　　单位：次

年度	2014	2015	2016	2017	2018	2019
存货周转率	4.7315	3.2687	2.4176	2.5604	1.9733	0.3902
应收账款周转率	6.6123	9.1471	9.7051	11.9651	9.0586	2.4761
总资产周转率	0.5529	0.5101	0.4105	0.3885	0.2665	0.0485

3. 康得新偿债能力财务指标情况

根据康得新的历年年报，可以得到该公司2014~2019年度的主要偿债能力财务指标，如表 6-3 所示。康得新的流动比率和速动比率几乎持续下降，短期偿债能力逐年堪忧。结合公司债券违约的事实，说明公司账上资金可能存在流动性问题。公司资产负债率 2016~2019 年逐年上升，说明公司在融资结构中侧重负债融资。同时，结合公司报表附注信息，可以发现，公司的短期负债（尤其是短期融资券）增加幅度较大，说明公司的财务风险水平不断上升。流动负债占比 2015~2018 年均达到 70% 以上，说明该公司的短期偿债压力较大。

表 6-3 康得新偿债能力财务指标

年度	2014	2015	2016	2017	2018	2019
流动比率	1.93	1.93	2.2	2.14	1.92	1.96
速动比率	1.79	1.86	2.14	2.09	1.86	1.92
资产负债率	0.56	0.50	0.41	0.47	0.47	0.57
流动负债/负债合计（%）	0.59	0.80	0.91	0.72	0.71	0.62

二、康得新财务报告内部控制失效的证据陈述

康得新财务报告内部控制失效的证据可以从审计师所出具的公司内部控制的鉴证意见以及中国证监会对其财务报告虚假信息披露的行政处罚中得到清晰的界定。以下，我们将结合康得新所披露的年度报告、内部控制鉴证报告、内部控制自我评价报告，以及中国证监会的行政处罚决定书，陈述该公司财务报告内部控制失效的事实。

（一）康得新财务报告内部控制失效证据：中国证监会行政处罚决定

2020 年 9 月 22 日，中国证监会对康得新以及钟玉等 12 名责任人员作出了如下的行政处罚。根据该行政处罚决定书，经查明，康得新存在以下违法事实：

第一，2015~2018 年度报告存在虚假记载："2015 年 1 月至 2018 年 12 月，康得新通过虚构销售业务、虚构采购、生产、研发、产品运输费用等

方式,虚增营业收入、营业成本、研发费用和销售费用,导致2015年至2018年度报告虚增利润总额分别为2242745642.37元、2943420778.01元、3908205906.90元、2436193525.40元,分别占各年度报告披露利润总额的136.22%、127.85%、134.19%、711.29%,康得新2015年至2018年度报告中披露的利润总额存在虚假记载。康得新2015年至2018年度报告中披露的银行存款余额存在虚假记载。"

第二,未及时披露及未在年度报告中披露为控股股东提供关联担保的情况。康得新未如实披露"以康得新光电大额专户资金存单为康得新集团提供担保"等四份《存单质押合同》信息。

第三,未在年度报告中如实披露募集资金使用情况。康得新通过第三方账户,违规使用募集资金用于归还银行贷款、配合虚增利润等,而该资金本应该用于建设先进高分子膜材料项目以及裸眼3D模组产品项目等。

(二)康得新财务报告内部控制失效证据:内部控制鉴证意见

由于康得新2014~2019年均未披露内部控制审计报告,而是在2015年和2019年披露了内部控制鉴证报告。

1. 康得新2015年度财务报告内部控制鉴证意见

2016年4月21日,瑞华会计师事务所出具了2013年度"康得新内部控制鉴证报告"。该内控鉴证报告出具了以下意见:"我们认为,江苏康得新复合材料股份有限公司于2015年12月31日在所有重大方面保持了按照财政部颁布的《内部会计控制规范——基本规范(试行)》的有关规范标准中与财务报表相关的有效的内部控制。"

2. 康得新2019年度财务报告内部控制重大缺陷与鉴证意见

2020年6月28日,公证天业会计师事务所出具了2019年度"康得新内部控制鉴证报告"。该内控鉴证报告指出,在本次内部控制鉴证中,会计师事务所注意到康得新公司的财务报告内部控制存在以下重大缺陷,并出具了内部控制鉴证否定意见:①存在涉嫌虚增利润;②未履行内部程序开具商业承兑汇票和对外担保;③控股股东非经营性资金占用且未及时披露。

(三) 康得新财务报告内部控制失效证据：内部控制自我评价报告

1. 康得新 2014 年度内部控制自我评价报告

2015 年 4 月 14 日，康得新发布其 2014 年内部控制自我评价报告，指出"于内部控制评价报告基准日，不存在财务报告内部控制重大缺陷，董事会认为，公司已按照企业内部控制规范体系和相关规定的要求在所有重大方面保持了有效的财务报告内部控制"。

2. 康得新 2015 年度内部控制自我评价报告

2016 年 4 月 21 日，康得新发布其 2015 年内部控制自我评价报告，指出"于内部控制评价报告基准日，不存在财务报告内部控制重大缺陷，董事会认为，公司已按照企业内部控制规范体系和相关规定的要求在所有重大方面保持了有效的财务报告内部控制"。

3. 康得新 2016 年度内部控制自我评价报告

2017 年 4 月 13 日，康得新发布其 2016 年内部控制自我评价报告，指出"于内部控制评价报告基准日，不存在财务报告内部控制重大缺陷，董事会认为，公司已按照企业内部控制规范体系和相关规定的要求在所有重大方面保持了有效的财务报告内部控制"。

4. 康得新 2017 年度内部控制自我评价报告

2018 年 4 月 19 日，康得新发布其 2018 年内部控制自我评价报告，指出"于内部控制评价报告基准日，不存在财务报告内部控制重大缺陷，董事会认为，公司已按照企业内部控制规范体系和相关规定的要求在所有重大方面保持了有效的财务报告内部控制"。

5. 康得新 2018 年度内部控制自我评价报告

2019 年 4 月 29 日，康得新发布其 2018 年内部控制自我评价报告，该报告指出，"根据上述内部控制缺陷认定标准，结合公司开展内控自查、公司各部门日常检查、专项审计监督及整改情况，我们发现报告期内公司在风险评估、控制活动、信息与沟通、内部监督方面存在不同程度的缺陷"。报告中指出了以下财务报告内部控制重大和重要缺陷：①资金活动内控管理存在重大缺陷；②销售业务管理存在重大缺陷；③采购业务管理存在重要缺陷；④公司及控股股东、实际控制人被立案调查。

6. 康得新2019年度内部控制自我评价报告

2020年6月28日,康得新公司发布其2019年内部控制自我评价报告,该报告指出,"根据公司财务报告内部控制重大缺陷的认定情况,于内部控制评价报告基准日,公司发现存在三项财务报告内部控制重大缺陷"。报告中指出了以下财务报告内部控制重大和重要缺陷:①未对相关前期差错进行会计差错更正;②违规担保;③控股股东非经营性资金占用。

(四)康得新财务报告内部控制失效证据的小结

根据以上相关证据的梳理,我们认为,中国证监会对康得新公司2015~2018年财务报告信息披露违法行为的处罚决定,有力地证明了该公司的2015~2018年财务报告内部控制是失效的。同时,2019年,会计师事务所对其财务报告内部控制出具了否定鉴证意见。2018年和2019年,连续两年内部控制自我评价报告发表财务报告内部控制失效意见。

综上,我们认为,康得新公司财务报告内部控制在2015~2019年处在失效状态(见表6-4)。

表6-4 康得新财务报告内部控制失效证据的小结

年度	中国证监会的处罚决定	内部控制鉴证意见及重大缺陷	内部控制自我评价结论及缺陷
2014	无	无	无重大缺陷,财务报告内部控制有效
2015	2015年度财务信息造假:虚增营业收入、虚增利润	所有重大方面保持了与财务报表相关的有效的内部控制	无重大缺陷,财务报告内部控制有效
2016	2016年度财务信息造假:虚增营业收入、虚增利润	无	无重大缺陷,财务报告内部控制有效
2017	2017年度财务信息造假:虚增营业收入、虚增利润	无	无重大缺陷,财务报告内部控制有效

续表

年度	中国证监会的处罚决定	内部控制鉴证意见及重大缺陷	内部控制自我评价结论及缺陷
2018	2018年度财务信息造假：虚增营业收入、虚增利润	无	财务报告内部控制存在诸如时任管理层未能有效实施前述制度的个别情形，经公司自查，发现公司存在被大股东占用资金的情况等三项财务报告内部控制重大或者重要缺陷，财务报告内部控制失效
2019	无	否定审计意见：由于存在"康得新公司存在涉嫌虚增利润、未履行内部程序开具商业承兑汇票和对外担保、控股股东非经营性资金占用且未及时披露等情况，中国证监会已就上述事项对公司下发了〔处罚字〔2019〕190号〕《行政处罚及市场禁入事先告知书》，公司尚未获取上述事项完整性资料进行会计差错更正处理"等重大缺陷，内部控制财务报告失效	财务报告内部控制存在诸如控股股东违反相关法规规定及公司内部程序以公司及子公司名义对外提供担保三项财务报告内部控制重大或者重要缺陷，财务报告内部控制失效

三、康得新财务报告内部控制失效的特征分析

以下，我们将根据COSO的内部控制五要素，开展对康得新财务报告内部控制失效特征的分析。

（一）康得新财务报告内部控制失效之控制环境特征

公司的内控环境是内部控制制度的基础，为内部控制的有效实施提供了重要的氛围和制度保障。根据康得新披露的信息以及一些媒体的报道，我们认为该公司在控制环境中存在如下问题。第一，金字塔式股权结构缺陷。在康得新中，第一股东是康得投资集团，控制了其23.4%的股权；第二是浙江中泰创赢资产管理有限公司，拥有7.75%的股权；除了第三大股

东的2.48%股权外,其余股东持股比例均小于3%。康得新法人代表、董事长为钟玉,总经理为钟玉的妻子徐曙。董事长的监督权与总经理的决策权合二为一使公司内部对于管理层的监督机制形同虚设。除此之外,康得投资集团将大部分股权(99.4%)进行质押,吕长江和肖成民(2006)认为大股东可以通过股权质押的方式将资金压力和风险转移出去。而在这种情况下,最终控制人以较低的资金拥有了较多的控制权,这种低成本的冒险方式为实际控制人侵占公司资产提供了便利。另外,在康得新的股权结构中,机构投资者虽然在数量上占据优势,但总持股比例却很低,因此抑制作用较弱。而康得新第二大股东中泰创赢曾与康得新签订带有保底条款的协议,证监会认为其可能与康得集团成为一致行动人,第二大股东的抑制作用几乎为零,同时还有可能助纣为虐。

第二,董事会、监事会形同虚设。在公司日常生产经营中,董事会、监事会等内部治理结构的缺陷有所显现,独立董事并未起到应有的效用。由2015~2019年年报可知,康得新每年的独立董事人数均符合《中华人民共和国公司法》要求的超过1/3以上董事会人数,在2017~2018年因期满,三名独立董事发生变动。但在2015~2018年,独立董事会成员中没有任何一名独立董事以现场出席或远程会议的方式参加公司董事会,包括在2015年开始,频繁发生导致公司后续收到证监会处罚的关联交易、募集资金、虚构收入和利润等事项,董事会、监事会未履行相应的监督职责,察觉出异常并提出质疑。由上述现象可以得知,康得新的监事、董事及管理者并未履行勤勉尽责义务,监事会、董事会形同虚设。

(二)康得新财务报告内部控制失效之风险评估特征

企业在经营过程中,会遭受来自内外部的风险,为保证企业目标的实现,必须对风险进行持续且反复的评估。根据《企业内部控制基本规范》,企业应当结合不同发展阶段和业务拓展情况即外部环境的变化,收集风险变化相关信息,进行风险识别和风险分析,及时调整应对策略来有效应对风险。

面对2015年起连续四年出现的虚假收入和利润,违规担保及募集资金的占用情况,康得新竟没有一套完善有效的风险评估系统,没有在第一时间察觉并防范风险,导致重大环节的控制活动失效,这体现出康得新公司对风险评估的不全面,以及对风险应对的实施无能。在 2017 年"内部控制自我评价报告"中,康得新披露称公司根据控制目标及发展战略并结合行业特点,正逐步建立风险管理团队,采用科学合理的分析方法,根据设定的控制目标,全面系统地收集相关信息,准确识别内部风险和外部风险,实现对风险的有效控制。而在 2018 年,康得新依旧披露正在建立风险管理团队,尝试准确识别内部风险和外部风险。无论是从事先建立风险评估制度,还是事后及时亡羊补牢,以上都说明康得新在风险评估方面存在重大缺陷。

(三)康得新财务报告内部控制失效之控制活动特征

结合康得新历年"内部控制规则落实自查表",可以发现公司在 2015~2017 年进行内部控制自查时,并未发现内部控制方面的缺陷,只有在 2018 年和 2019 年公司已经被发现涉及大股东侵占公司资产后,才在自查表中披露存在大股东占用公司资金和违规担保的现象。这反映出该公司控制活动及时发现并遏制相关违规行为,仅仅起到事后披露的作用,存在严重缺陷。

结合公司 2018 年、2019 年年度审计报告和"内部控制制度自我评价报告",公司主要在资金管理、销售管理、对外担保管理三方面的控制活动存在重大缺陷:第一,资金活动内部控制重大缺陷。康得新越过董事会和股东大会甚至财务人员,与北京某支行签订《资金管理协议》,占用公司资金,违反了风险控制、授权批准控制等多项控制原则以及不相容职务分离控制的规定。同时,在发现 122 亿元的银行存款"人间蒸发"时,也发现公司没有明确制定银行账户的开立和存款管理制度,并且未将相关银行账户风险责任落实到具体部门和个人。这表明其资金活动控制管理存在严重缺陷。第二,销售采购活动内部控制存在重大缺陷。2015~2019 年,康得新应收账款回收期日渐变长。公司对于销售业务缺乏有效的销售合同申请审批制度,缺少对客户的前期资信调查、中期信用动态评估和后期销售跟踪回款等程序,导致对客户的还款能力了解不足,在计提坏账准备时缺乏合理的证据。同时也没有建立有效的应收账款催收制度来提高账款的可收回性,影响公司的持续经营能力。第三,对外担保活动内部控制存在重大缺陷。公司在 2010 年制定了对外担保管理制度,要求在担保前进行风险评估,担保申请过程执行严格的授权审批制度和反担保措施。

（四）康得新财务报告内部控制失效之信息与沟通特征

尽管康得新公司建立了"重大信息内部报告制度"，规范了重大信息的内容，明确了报告的流程和责任人，要求在重大信息报告中，进行信息保密和实时报告。但是管理者并未按照制度执行，公司未及时和如实地披露公司和控股股东间的关联交易、关联担保和募集资金的使用情况。

如在利用全资子公司光电材料为大股东康得集团质押担保事项上，康得新没有及时在年度报告中披露该担保的详细情况，致使信息缺失，使该担保事项侵害了中小股东的权益。通过查阅担保事项相关公告，可以发现康得新只在公告中出质人、质押物、债权人等一些基础信息，而没有及时对所获金额、用途、项目盈利情况等详细信息进行披露，导致资本市场无法及时获取信息作出反应，也为日后公司陷入困境埋下隐患。最终导致由于涉嫌信息披露违法违规，被证监会立案调查，说明康得新在信息与沟通方面存在重大缺陷。

（五）康得新财务报告内部控制失效之监督特征

从2015年到2018年连续多年进行虚构收入和利润、进行虚假交易、违规担保等活动和上述治理结构存在缺陷来看，康得新内审部门及董事会监事会等未恰当履行监督职能，监督过程流于表面，没有及时发现异常违规情况；对于经营决策的意见表决重形式而轻实质，没有在重大事项上行使决策的权利和履行监督的义务；对于内控制度的落实，也未建立有效的监督机制。董监内审的监督失效，也导致了大股东个人权利的放大，进而酝酿出重大财务造假的问题。

第二节 海联讯财务报告内部控制失效案例分析

本节首先对深圳海联讯科技股份有限公司的各个方面进行较为详细的说明；然后从其财务报告内部控制审计以及中国证监会对其财务报告信息

披露等问题的行政处罚决定两个方面，呈现其财务报告内部控制失效的事实；最后在上述信息的基础上，对其财务报告内部控制失效的特征展开分析与讨论。

一、海联讯公司面面观

鉴于海联讯的财务报告内部控制审计意见被审计师出具"否定意见"的时间是 2012 年，以及该公司被中国证监会行政处罚确定的虚假财务信息披露行为发生的时间是 2009 年、2010 年、2011 年这三年，2014 年中国证监会对其签发《行政处罚决定书》和《市场禁入决定书》，因此我们重点对 2008~2014 年度的该公司各方面的情况展开介绍。

(一) 海联讯公司简介

海联讯，全称"深圳海联讯科技股份有限公司"，成立于 2000 年 1 月，总部位于深圳，在北京设有技术研发中心，是一家由科研人员创业而形成的从事电力信息化系统集成业务的国家高新技术企业。海联讯前身为海联讯信息网络科技（深圳）有限公司，系由捷讯通信技术（香港）有限公司出资设立，并于 2000 年 1 月 4 日在国家工商行政管理局登记注册。2008 年 3 月 20 日，公司性质由外资企业变更为内资企业。

2011 年 11 月 23 日，经中国证券监督管理委员会核准，海联讯首次公开发行股票并在深圳证券交易所上市，发行后注册资本增至 6700 万元。

2014 年 11 月 15 日晚间，海联讯发布公告称，收到证监会于 11 月 14 日签发的《行政处罚决定书》和《市场禁入决定书》。证监会的行政处罚决定表明，海联讯公司存在两项违法事实。

(二) 海联讯的行业基本面

海联讯在 2011 年至 2014 年的年报中对其所在行业进行了概述，主要涉及如下内容。海联讯在 2011 年年报中指出："随着信息化与工业化'两化融合'的不断深入，'厂网分开''输配分离'等电力企业体制改革的持续推进，节能减排、绿色新能源与电源结构调整、'煤电联营''铝电联营''电动汽车''智能电网'等新概念使电力行业产业链不断延展，给电力企业信息化建设注入多重源动力。它们带来的巨大的信息化建设需求，成为电力行业信息化发展的强大推动力。各电力企业在历史的发展机遇面前，纷纷推出信息化'十二五'发展规划，描绘未来五年甚至更长时期的信息发展蓝图。"在2012年年报中，公司指出："智能交通、智能建筑、平安城市、电子政务、数字医疗等众多应用领域将迎来庞大市场商机，对云计算、物联网、安防、数据挖掘及处理等产业链上下游软硬件企业起到一定的促进作用。"在2013年年报中，公司认为："两化融合发展水平指数评估体系中主要涉及的信息服务、信息设备等产业将有较大提升空间。"在2014年年报中，公司提出："智能电网的全面建设有效推动了国家电网发展方式的转变，电力行业信息化需求迅速增加，智能电网建设要求建立开放和共享的信息系统，能有效整合系统数据，优化电网的运行和管理。因此，在智能电网全面建设的带动下，中国电力行业信息化将出现蓬勃发展的态势。"

（三）海联讯的财务指标面

1. 海联讯盈利能力财务指标情况

根据海联讯的历年年报可以得到该公司2010~2014年度的主要盈利能力财务指标，如表6-5所示。从该表中可以看出，海联讯的主要盈利能力指标在从2010~2011年的上升趋势随即立马逐年下降，并且降幅逐年增大，至2014年，已经降为负值。结合海联讯的具体情况，2010~2011年的大幅度上升主要原因是公司在积极准备进行IPO上市，公司情况良好，而2012~2014年的下降主要原因是公司出现虚假财务问题，财务报告内部控制失效。公司净资产收益率也在下降，2010年和2011年较高主要由于收到募集资金，净资产基数大幅增加，致使净资产收益率较高于后几年。从销售毛利率来看，前几年公司的产品的竞争能力尚不错，但是也呈现下降趋势。从销售费用率来看，公司的销售费用逐年增加，产品盈利能力减弱。

表6-5 海联讯公司盈利能力财务指标

年度	2010	2011	2012	2013	2014
每股收益（元/股）	0.97	1.22	0.28	0.04	−0.38
每股净资产（元/股）	3.35	8.69	3.9419	3.8279	3.4216

续表

年度	2010	2011	2012	2013	2014
净资产收益率（平均）（%）	33.80	27.84	6.83	0.91	-10.38
销售毛利率（%）	37.98	36.82	43.97	30.34	21.47
销售费用率（%）	4.04	3.80	6.31	7.04	11.04

2. 海联讯营运能力财务指标情况

根据海联讯的历年年报，可以得到该公司 2010~2014 年度的主要营运能力财务指标，如表 6-6 所示。从表中可见，海联讯的主要营运能力财务指标，从存货周转率来看，企业存货的变现能力较强，虽然在 2012 年有所下降，但依然处在较高水平；从应收账款周转率来看，公司的回款能力下降之后又有所回升，资产偿债能力逐渐变强，短期偿债能力有所回升；从总资产周转率来看，企业的资产投入产出的流转速度不强，资金流转速度较慢，资产利用效率不高。

表 6-6　海联讯营运能力财务指标　　　　　　单位：次

年度	2010	2011	2012	2013	2014
存货周转率	12.52	12.62	9.03	9.34	4.93
应收账款周转率	3.09	3.36	1.50	2.07	2.47
总资产周转率	1.21	0.44	0.40	0.54	0.57

3. 海联讯偿债能力财务指标情况

根据海联讯的历年年报，可以得到该公司 2010~2014 年度的主要偿债能力财务指标，如表 6-7 所示。从表中可见，该公司的流动比率和速动比率基本上都大于 2，反映出其短期偿债能力较强。同时，公司的流动负债占比均达到了 98%以上，甚至在 2010~2012 年度达到了 100%，说明该公司的短期偿债压力很大。从长期偿债能力来看，公司的资产负债率水平相对较低。

表 6-7　海联讯偿债能力财务指标

年度	2010	2011	2012	2013	2014
流动比率	2.45	7.88	2.82	3.15	2.29
速动比率	2.36	7.59	2.67	2.89	1.80
资产负债率（%）	39.15	12.48	30.20	26.21	34.15
流动负债/负债合计（%）	100	100	100	97.99	98.93

二、海联讯财务报告内部控制失效的证据陈述

海联讯公司财务报告内部控制失效的证据可以从审计师所出具的公司内部控制的审计意见以及中国证监会对其财务报告虚假信息披露的行政处罚中得到清晰的界定。以下，我们将结合海联讯所披露的年度报告、内部控制自我评价报告、内部控制审计报告，以及中国证监会的行政处罚决定书，陈述该公司财务报告内部控制实效的事实。

（一）海联讯财务报告内部控制失效证据：中国证监会行政处罚决定

1. 海联讯报送中国证监会的申请首次公开发行股票并在创业板上市（简称IPO）申请文件中相关财务数据存在虚假记载

2010年12月14日，海联讯向中国证监会提交IPO申请。2011年11月3日，中国证监会对海联讯IPO申请予以核准。经查，海联讯为实现发行上市目的，在相关会计期间虚构收回应收账款并虚增营业收入，致使其制作和报送中国证监会的IPO申请文件中相关财务数据和财务指标存在虚假记载。

2. 上市后披露的定期报告中相关财务数据存在虚假记载

海联讯在IPO申请获得中国证监会创业板发行审核委员会审核通过后，仍存在拆借资金冲减应收账款、伪造合同和验收报告虚构营业收入的行为。海联讯披露的定期报告中相关财务数据和财务指标存在虚假记载。

（二）海联讯财务报告内部控制失效证据：内部控制审计意见

海联讯并没有披露2008~2010年度的内部控制自我评价报告及鉴证报

告，但是在招股说明书中，深圳市鹏城会计师事务所有限公司对 2008~2010 年度的公司财务报告内部控制出具了标准无保留意见。

2013 年 4 月 25 日，天健会计师事务所出具 2012 年度"海联讯内部控制的鉴证报告"。该内控审计报告指出，在本次内部控制审计中，会计师事务所注意到海联讯财务报告内部控制存在以下重大缺陷，并出具了内部控制审计否定意见：①公司因涉嫌违反证券法律法规被中国证券监督管理委员会立案调查；②公司存在重大前期差错更正。

（三）海联讯财务报告内部控制失效证据：内部控制自我评价报告

1. 海联讯 2011 年度内部控制自我评价报告

海联讯独立披露"2010 年度内部控制自我评价报告"，总体评价如下：公司按照《企业内部控制基本规范》及相关规范于 2011 年 12 月 31 日在所有重大方面保持了与财务报表相关的有效的内部控制。随着经营环境的变化，在公司发展中难免会出现一些制度缺陷和管理漏洞，现有的内部控制的有效性可能会发生变化。公司将按照相关法律法规要求，进一步完善公司内部控制制度，使之始终适应公司发展的需要和国家法律法规的要求，保护广大投资者利益。

2. 海联讯 2012 年度内部控制自我评价报告

海联讯于 2013 年 4 月 25 日，披露了"2012 年度内部控制自我评价报告"，该报告指出："报告期内公司内部控制设计总体是有效的，但是仍需补充完善，公司治理结构有待进一步完善；内部控制执行上存在偏差，存在重大缺陷、重要缺陷。""虽然公司已经建立了内部控制体系，但鉴于此次评价过程发现的缺陷，董事会认为，2012 年公司内部控制执行的有效性不足，未能按照《企业内部控制基本规范》和相关规定在所有方面保持有效的内部控制，未能完全实现内部控制的目标。"

3. 海联讯 2013 年度内部控制自我评价报告

海联讯公司于 2013 年 4 月 29 日，披露了"2013 年度内部控制自我评价报告"，该报告指出："根据公司财务报告内部控制重大缺陷的认定情况，于内部控制评价报告基准日，不存在财务报告内部控制重大缺陷，董事会认为，公司已按照企业内部控制规范体系和相关规定的要求在所有重大方面保证了有效的财务报告内部控制。"

4. 海联讯公司 2014 年度内部控制自我评价报告

海联讯于 2015 年 4 月 23 日，披露了"2014 年度内部控制自我评价报告"，该报告指出："根据公司财务报告内部控制重大缺陷的认定情况，于内部控制评价报告基准日，不存在财务报告内部控制重大缺陷，董事会认为，公司已按照企业内部控制规范体系和相关规定的要求在所有重大方面保证了有效的财务报告内部控制。"

（四）海联讯财务报告内部控制失效证据的小结

根据以上相关证据的梳理，我们认为，2014 年，中国证监会对海联讯公司 2012 年度财务报告信息披露违法行为的处罚决定，有力地证明了该公司的 2012 年度财务报告内部控制是失效的。同时，2012 年会计师事务所对其财务报告内部控制出具了否定审计意见。综上，我们认为，海联讯财务报告内部控制在 2012 年处于失效的状态（见表 6-8）。

表 6-8 海联讯财务报告内部控制失效证据的小结

年度	中国证监会的处罚决定	内部控制审计意见及重大缺陷	内部控制自我评价结论及缺陷
2010	无	无	无重大缺陷，财务报告内部控制有效
2011	无	无	无重大缺陷，财务报告内部控制有效
2012	无	否定审计意见：①海联讯公司因涉嫌违反证券法律法规被中国证券监督管理委员会立案调查；②海联讯公司因重大前期差错更正已经公布的 2009 年度、2010 年度、2011 年度的财务报表。上述重大缺陷未包含在后附的海联讯公司对 2012 年 12 月 31 日财务报告内部控制有效性做出的认定中	海联讯公司因涉嫌违反证券法律法规被中国证券监督管理委员会立案调查；海联讯公司因重大前期差错更正已经公布的 2009 年度、2010 年度、2011 年度的财务报表。财务报告内部控制失效
2013	无	无	无重大缺陷，财务报告内部控制有效

续表

年度	中国证监会的处罚决定	内部控制审计意见及重大缺陷	内部控制自我评价结论及缺陷
2014	IPO 上市申请文件中虚构收回应收账款、虚增营业收入；上市后 2011 年和 2012 年财务数据造假	标准无保留意见，财务报告内部控制有效	无重大缺陷，财务报告内部控制有效

三、海联讯财务报告内部控制失效的特征分析

（一）海联讯财务报告内部控制失效之控制环境特征

公司的内控环境是内部控制制度的基础，为内部控制的有效实施提供了重要的氛围和制度保障。根据海联讯公司披露的信息以及一些媒体的报道，我们认为，该公司在控制环境中存在董事会带头参与虚构收入，审计委员会形同虚设的问题。从海联讯年报来看，公司极大部分股权被少数人掌控，章锋、孔飚、邢文飚、杨德广以及苏红宇等共拥有公司 96.82% 的股权。他们作为公司的实际控制人，实际操控了公司虚构应收账款和营业收入的舞弊行为。海联讯 2002 年在海外上市搁浅，2009 年创业板 IPO 被否，在前两次上市失败的压力下，为保证当时成功上市，海联讯的高管通过财务舞弊来粉饰财务报表。海联讯招股说明书显示，公司 2009 年净利润为 3554.53 万元，2010 年净利润为 4846.28 万元，但 2010 年通过虚增营业收入等手段进行财务造假；从 2009～2011 年上半年审计报告来看，海联讯 2009 年度营业收入为 25676.78 万元，2010 年度营业收入为 30256.23 万元，当年虚增收入 1426 万元，则实际收入为 28830.23 万元，营业收入增长率为 12.28%。因此，为达到 IPO 上市要求是海联讯虚构营业收入、少计成本费用从而虚增利润的最主要压力。而虚构营业收入必然要相应地虚构应收账

款，因此，海联讯应收账款金额巨大。

（二）海联讯财务报告内部控制失效之风险评估特征

每个企业都会面临来自内外部的风险，必须对这些风险进行不断的评估。风险评估是风险识别、风险评估和风险应对的一系列过程，对于海联讯而言，主要是对风险缺少应对，主要表现在缺乏对公司战略发展的定位和风险应对方面。截至2011年底，海联讯虽然在年报中披露出公司未来发展的主要风险，但是却未能做出一系列有效的应对措施。企业的发展战略是影响整个企业的发展方向、企业文化和企业效益的重要因素，对于企业的生存和发展具有极端重要的影响。缺乏明确合理的发展战略，会导致企业难以抵抗风险和抓住机会，增大经营失败的风险。针对海联讯而言，太过于依赖电力行业，受能源价格上涨而上网电价没有同步上涨等体制因素的影响，2009年以来发电企业出现了大面积亏损的情况；同时，海联讯又存在大量应收账款坏账的风险；再者，电力行业又受到业绩的季节性波动的风险等。

（三）海联讯财务报告内部控制失效之控制活动特征

为达到IPO上市要求是海联讯公司虚构营业收入、少计成本费用从而虚增利润的最主要压力。而虚构营业收入必然要相应地虚构应收账款，因此，海联讯应收账款金额巨大。

海联讯通过IPO舞弊上市后，为维持其上市资格，避免退市风险，继续进行舞弊，三年虚增利润近5000万元。海联讯为了掩饰其欺诈上市的行为并继续维持其上市资格，于2011年和2012年两年，通过拆借资金冲减应收账款、伪造合同和验收报告虚增营业收入等手段实施舞弊。

（四）海联讯财务报告内部控制失效之信息与沟通特征

2013年3月21日，海联讯公司因涉嫌违反证券法律法规被中国证券监督管理委员会立案调查。海联讯根据立案调查通知书开展了财务自查，并对涉及的重要前期差错采用追溯重述法进行了更正。2012年，海联讯并未更正重要前期差错且没有履行信息披露义务。

（1）外包成本。海联讯原对软件外包成本在实际收到软件服务提供商的结算清单时确认，未在确认相应收入时按服务完成情况暂估成本，不符合《企业会计准则》的规定。

（2）年终奖金。海联讯原在实际支付时确认根据绩效考核计算的年终奖金，而未按权责发生制原则进行计提，不符合《企业会计准则》的规定。

（3）应收账款。海联讯存在从非客户方转入大额资金冲减账面应收账款并于下一会计期初转出资金、转回应收账款情况。此外，海联讯原未对应收账款贷方余额进行重分类，并按未经重分类的应收账款余额计提坏账准备，不符合《企业会计准则》的规定。

（4）营业收入。海联讯公司确认了部分不符合收入确认原则的项目合同收入，不符合《企业会计准则》的规定。

（五）海联讯财务报告内部控制失效之监督特征

1. 监事会职能失效，形同虚设

海联讯在内控的监督层面仍然存在不够深入的问题。公司内部监事会失效、审计失效。海联讯设有审计委员会，审计委员会所形成的记录都交给董事会秘书来保管，而海联讯的董事会秘书，是参与造假人员之一的杨广德，杨广德同时兼任财务总监一职。从表面上看审计委员会对于公司的财务状况进行了合理有效的审计监督，实际上进行了多层的掩饰与包庇。海联讯的内部治理机制已经彻底失效，原因是各层监管人员、管理人员联合一致，相互包庇、相互勾结，没有实现企业内部权力的相互牵制。

2. 中介机构人员职业素养问题

独立性是注册会计师执业的灵魂，但由于我国会计师事务所体制的历史缺陷、事务所内部缺乏有效的质量控制机制及恶性竞争因素的影响，注册会计师的独立性受到威胁。审计海联讯的会计师事务所为深圳市鹏城会计师事务所，该事务所负面报道较多，曾因审计绿大地公司上市造假而被证监会撤销证券服务业务许可。海联讯的上市保荐人为平安证券，而平安证券也是目前在资本市场造成极大轰动的万福生科的保荐机构。从中可知，与海联讯上市有关的保荐人、审计机构都被证监会处罚。从该公司造假手法来看，都是较为常规的，具有专业胜任能力的注册会计师应具备查核技能。因此，海联讯的保荐人及注册会计师都有不可推卸的责任。

第三节　金亚科技财务报告
内部控制失效案例分析

2018年，中国证监会判定金亚科技股份有限公司（股票代码：300028）在披露的2014年年度报告存在信息披露违规。接着，中兴华会计师事务所对金亚科技2015年度的财务报表出具无法表示意见，亚太集团会计师事务所对金亚科技2016年度的财务报表出具保留意见。2014~2016年三年，金亚科技财务报告频繁出问题，这反映出金亚科技的财务报告内部控制体系失效。本节在整理金亚科技各方面信息的基础上，对金亚科技财务报告内部控制失效的事实进行研究，最后对金亚科技财务报告内部控制失效的特征进行分析。

一、金亚科技公司面面观

鉴于金亚科技受到证监会信息披露违规处罚的年报隶属于2014年度，而收到会计师事务所无法表示意见和保留意见的财务报表则分别隶属于2015年度和2016年度，因此，本节选取2013~2017年这五年，重点对这五年金亚科技的各方面信息进行收集和分析。

（一）金亚科技公司简介

金亚科技，全称"金亚科技股份有限公司"，总部位于四川省成都市金牛区蜀西路50号。公司成立于1999年11月，注册资金34398万元人民币。2009年10月，金亚科技成功登陆深交所创业板，股票代码为300028。

金亚科技的主营业务包括：数字化用户信息网络终端产品，卫星直播系统综合解码器，电子产品，通信设备（不含无线电发射设备）的设计开发、生产、销售和服务；网络技术的开发和服务；实业投资（不得从事非法集资、吸收公众资金等金融活动）；货物进出口、技术进出口。产品涵盖：数字电视终端系列设备（有线数字电视机顶盒、地面波数字电视机顶盒)、有线电视双向网络设备（EOC 机顶盒、CM 机顶盒）、数字电视运营支撑系统（单双向 CAS、SMS/BOSS、EPG 等）、数字电视增值业务平台以及满足"三网融合"多运营主体不同需求的各类数字电视机顶盒、IPTV 等。

2015 年 6 月 4 日，金亚科技及实际控制人周旭辉分别收到中国证监会《调查通知书》（编号：成稽调查通字 151003、15004 号），因公司及周旭辉涉嫌违反证券法律法规，根据《中华人民共和国证券法》的有关规定，决定对公司及周旭辉进行立案调查。

2018 年 3 月 6 日，金亚科技收到中国证监会《行政处罚决定书》（〔2018〕10 号）。

2019 年 5 月 13 日，根据深圳证券交易所《关于金亚科技股份有限公司股票暂停上市的决定》，金亚科技股票暂停上市。

2020 年 5 月 14 日，金亚科技收到深圳证券交易所关于公司股票终止上市的决定。自 2020 年 6 月 18 日起，金亚科技进入退市整理期交易，截至 2020 年 7 月 31 日（含当日），公司股票已于退市整理期交易满三十个交易日，退市整理期已结束。公司股票于 2020 年 8 月 3 日被深圳证券交易所予以摘牌。

（二）金亚科技的行业基本面

根据金亚科技 2013~2017 年的年报，可以发现金亚科技面临的行业环境压力较大，体现在以下几个方面：①传统运营商市场的网络化发展导致金亚科技的主营业务——数字电视设备提供业务面临技术更新困难、市场需求变小导致同业竞争激烈、原材料涨价继而毛利率降低的问题；②由于处于行业发展初期面临产业不成熟的问题，金亚科技的新业务领域——VR、AR 设备投资和电子竞技产业发展这两块业务难以为金亚科技带来盈利，反而由于发展前期投入成本较高而拉低整体盈利水平，带来经营问题。综上，由于传统业务竞争和新兴业务初入压力，金亚科技战略转型的外部行业压力较大。

（三）金亚科技的财务指标面

1. 金亚科技的盈利能力财务指标情况

根据金亚科技 2013~2017 年的年报数据，可以得到表 6-9 所示的盈利能力财务比率。如表6-9所示，金亚科技的盈利能力整体呈现逐渐降低趋势，2013年是上市以来亏损的第一年，但2014年盈利能力回升，从2015年底开始盈利能力越来越低。金亚科技2013~2017年整体盈利能力逐渐降低的原因在于以下两个方面：①金亚科技传统数字电视设备提供主营业务利润率降低。随着传统运营商将数字电视业务网络化转型，传统数字电视设备制造行业的市场需求减少导致竞争激烈，供货商减少、原材料价格上升导致利润率下降，同时技术创新要求企业增加研发投入。因此，作为金亚科技传统主营业务的数字电视设备提供业务利润率逐渐降低。②金亚科技转型战略过于激进。金亚科技面临行业发展困难的问题选择进行业务转型，公司将目光转向文化游戏产业链。金亚科技在投资WCA电子竞技大赛的同时，投资VR、AR等能促进游戏产业发展的新兴产业。金亚科技转型战略过于激进，投资了过多文化游戏公司，但这些公司由于发展不成熟而难以盈利，占用公司大量资金的同时无法创造相当的利润。传统主营业务利润的降低以及新业务亏损导致金亚科技的盈利能力逐渐降低。2014年度短暂的扭亏为盈则是因为金亚科技为了保住投资者的信任而在2014年度的报告中进行了财务造假。综上所述，金亚科技由于传统主营业务利润减少以及转型战略过于激进，导致2013~2017年盈利能力逐渐降低，存在极大的经营风险。

表6-9 金亚科技盈利能力财务指标

年份	2013	2014	2015	2016	2017
每股收益（元）	-0.46	0.1	0.037	-0.0612	-0.5435
每股净资产（元）	2.2966	2.3567	0.9814	1.0172	0.5046
净资产收益率（％）	-19.97	4.11	3.77	-6.03	-107.71
销售净利率（％）	-20.3997	4.7159	5.1564	-14.7078	-815.6413
成本费用利润率（％）	-19.9385	4.38	9.5139	-13.2072	-329.265

2. 金亚科技的营运能力财务指标情况

根据金亚科技2013~2017年的年报数据，可以得到如表6-10所示的营运能力财务比率。从应收账款周转率和总资产周转率来看，金亚科技2013~

2017 年的营运能力呈逐渐降低趋势。从应收账款周转率来看，应收账款周转率整体保持下降的趋势，金亚科技营运能力逐渐降低。2014 年度应收账款周转率的增加是由于金亚科技 2014 年年报中虚增营业收入，2016 年度应收账款周转率的短暂增幅则是由于金亚科技于 2016 年度处置了长期亏损的投资减少了应收账款。从总资产周转率来看，总资产周转率逐年降低，说明金亚科技资产创造价值能力低，资产的使用效率低，金亚科技营运能力逐渐降低。存货周转率数据不同于应收账款周转率和总资产周转率，一直保持在较高水平且 2017 年出现较大涨幅。存货周转率数据的异常主要是由于金亚科技产业结构调整，传统主营业务产出存货逐渐减少，导致存货周转率数据较高。

综上，总体来看，金亚科技的营运能力整体呈现逐渐降低的趋势，反映出金亚科技资产使用效率低、投入产出比较低，可见金亚科技经营管理方面存在极大的问题。

表 6-10　金亚科技营运能力财务指标　　　　　　单位：次

年份	2013	2014	2015	2016	2017
应收账款周转率	1.9803	2.1032	1.4422	1.782	0.5955
存货周转率	4.5002	4.5512	3.2516	4.0445	6.5805
总资产周转率	0.4566	0.4178	0.2185	0.1979	0.0565

3. 金亚科技偿债能力财务指标情况

根据金亚科技 2013~2017 年的年报数据，可以得到表 6-11 所示的偿债能力财务比率。根据表中的数据可以看出，金亚科技流动比率、速动比率整体呈现逐渐降低的趋势，说明金亚科技短期偿债能力较差。从资产负债率来看，2013~2015 年保持较高的负债水平，而 2016 年较以往降低，这主要是由于 2016 年金亚科技收到银行借款和大股东财务资助减少，筹资活动现金流入小计同比减少 98.07%。2017 年金亚科技资产负债率回到 44% 的水平，总体来说，金亚科技的偿债能力有限，无论是长期借款还是短期借款的偿还都存在困难。

综上，金亚科技 2013~2017 年的偿债能力逐渐降低，偿还短期借款和长期借款存在困难。

表 6-11　金亚科技偿债能力财务指标

年份	2013	2014	2015	2016	2017
流动比率	2.2553	1.5164	0.9843	0.6994	0.7996
速动比率	2.0253	1.3514	0.9003	0.6572	0.7867
资产负债率（%）	53.9916	51.1185	64.2329	29.9883	44.1759

二、金亚科技财务报告内部控制失效的证据陈述

本部分依据中国证监会对金亚科技出具的行政处罚书、中兴华会计师事务所对金亚科技 2015 年财务报表出具的无法表示意见和对内部控制报告出具的否定意见、亚太（集团）会计师事务所对金亚科技 2016 年财务报表出具的保留意见以及对内部控制报告出具的保留意见，并结合金亚科技 2013~2017 年度的内部控制自我评价报告，陈述金亚科技财务报告内部控制失效的事实和证据。

（一）金亚科技财务报告内部控制失效证据：中国证监会行政处罚决定

2018 年 3 月，中国证监会就金亚科技 2014 年财务报告信息披露违法行为下发了行政处罚书。根据行政处罚书，金亚科技及相关人等存在以下信息披露违法行为：①金亚科技 2014 年伪造财务数据。②2014 年年度报告虚增利润总额 80495532.40 元。③2014 年年度报告虚增银行存款 217911835.55 元。④2014 年年度报告虚列预付工程款 3.1 亿元。

（二）金亚科技财务报告内部控制失效证据：内部控制审计意见

2016 年 4 月 26 日，中性化会计师事务所对金亚科技 2015 年度内部控制评价报告出具了否定意见；2017 年 3 月 24 日，亚太（集团）会计师事务所对金亚科技 2016 年度内部控制评价报告出具了保留意见。2015 年度内部控制鉴证报告的否定意见和 2016 年度内部控制鉴证报告的保留意见，均是金

亚科技财务报告内部控制失效的证据。此外，金亚科技并未披露2014年和2017年的内部控制鉴证报告。

1. 金亚科技2015年度财务报告内部控制重大缺陷与否定意见

中兴华会计师事务所（特殊普通合伙）对金亚科技股份有限公司2015年度内部控制出具了否定意见的鉴证报告。在鉴证报告中，否定意见涉及事项如下：①2015年6月4日，金亚科技因涉嫌违反证券法律法规被中国证券监督管理委员会立案调查，公司根据立案调查通知书开展了财务自查，并于2015年8月31日发布了《关于对以前年度重大会计差错更正与追溯调整的公告》。上述重大会计差错更正构成财务报告内部控制重大缺陷，对财务报表期初的应收账款、应付账款、货币资金及关联方往来余额的准确性产生重大影响。2015年底，金亚科技尚未完成上述重大缺陷的整改工作。②2015年7月，金亚科技审计部原审计主任离职后一直无人接替，内部审计机构对内部控制的监督无效，上述内部控制重大缺陷无法确保财务报告合法合规、真实、完整。2015年底，金亚科技尚未完成上述重大缺陷的整改工作。③金亚科技对联营企业投资业务未能进行有效的后续管理。上述内部控制重大缺陷影响财务报表的长期股权投资、投资收益等科目的准确性。2015年底，金亚科技尚未完成上述重大缺陷的整改工作。

2. 金亚科技2015年度财务报告内部控制重大缺陷与保留意见

亚太（集团）会计师事务所对金亚科技2016年度内部控制出具了保留意见的鉴证报告。在鉴证报告中，保留意见涉及事项如下：亚太（集团）会计师事务所认为："金亚科技公司对股权投资业务制定相关内控管理制度，但未有效的实施，后续管理需加强。"注册会计师认为，除"导致保留意见的事项"部分所述事项产生的影响外，公司已按照财政部等五部委颁发的《企业内部控制基本规范》及相关规定于2016年12月31日保持了与财务报表相关的有效的内部控制。

（三）金亚科技财务报告内部控制失效证据：内部控制自我评价报告

1. 金亚科技2013年度、2014年度内部控制自我评价报告

金亚科技在2013年度和2014年度的内部控制自我评价报告中，认为公司财务报告内部控制不存在重大缺陷：根据公司财务报告内部控制重大缺陷的认定情况，在内部控制评价报告基准日，不存在财务报告内部控制重

大缺陷，董事会认为，公司已按照企业内部控制规范体系和相关规定的要求在所有重大方面保持了有效的财务报告内部控制。

2. 金亚科技 2015 年度内部控制自我评价报告

在金亚科技 2015 年度内部控制自我评价报告中，公司认为从 2015 年 1 月 1 日起到内部控制评价报告基准日止的期间，存在以下财务报告内部控制重大缺陷：①未能严格执行内部审计制度；②存在重大差错更正。

3. 金亚科技 2016 年度内部控制自我评价报告

在金亚科技 2016 年度内部控制自我评价报告中，公司董事会认为："不存在财务报告内部控制重大缺陷和重要缺陷，公司基本按照企业内部控制规范体系和相关规定的要求在所有重大方面保持了较为有效的财务报告内部控制。"

4. 金亚科技 2017 年度内部控制自我评价报告

金亚科技在 2017 年度的内部控制自我评价报告中，认为公司财务报告内部控制不存在重大缺陷，公司已按照企业内部控制规范体系和相关规定的要求在所有重大方面保持了有效的财务报告内部控制。

（四）金亚科技财务报告内部控制失效证据的小结

根据中国证监会对金亚科技 2014 年度财务报告造假的行政处罚、中兴华会计师事务所对金亚科技 2015 年度财务报表的无法表示意见和内部控制的否定意见、亚太（集团）会计师事务所对金亚科技 2016 年度财务报表的保留意见和内部控制的保留意见、金亚科技 2015 年度和 2016 年度内部控制自我评价结论，可以认为金亚科技 2014～2016 年财务报告内部控制处于失效的状态。相关证据小结如表 6-12 所示。

表 6-12　金亚科技财务报告内部控制失效证据的小结

年份	证监会处罚认定	财务报表审计意见及重大缺陷	内部控制审计意见及重大缺陷	内部控制自我评价结论及审计意见
2013	无	无	无	无重大缺陷，财务报告内部控制有效

续表

年份	证监会处罚认定	财务报表审计意见及重大缺陷	内部控制审计意见及重大缺陷	内部控制自我评价结论及审计意见
2014	2014年伪造财务数据；虚增收入、成本，配套地虚增存货、往来款和银行存款	无	无	无重大缺陷，财务报告内部控制有效
2015	无	无法表示意见；缺乏充分、足够的审计证据因而无法确认重大会计差错更正、与大股东之间的往来、持有联营公司北京鸣鹤鸣和文化传媒有限公司的投资收益和长期股权投资	否定意见；未完成重大会计差错的更正、内部审计机构对内部控制的监督无效；对联营企业投资业务未能进行有效的后续管理	存在财务报告内部控制重大缺陷；未能严格执行内部审计制度、存在重大差错更正
2016	无	保留意见；因公司及实际控制人涉嫌违反证券法律法规，而相关部门对金亚科技立案调查尚未有最终结论，无法判断证监会立案调查结论对金亚科技财务报表可能产生的影响	保留意见；未能有效实施对股权投资业务的相关内控管理制度，后续管理需加强	不存在财务报告内部控制重大缺陷，但存在非财务报告内部控制的一般缺陷；在对参股公司的管理上较为薄弱，需进一步加强对参股公司的投后管理
2017	无	无	无	无重大缺陷，财务报告内部控制有效

三、金亚科技财务报告内部控制失效的特征分析

随着互联网的兴起，传统数字电视市场受到挤压，三大运营商纷纷将目光转向网络业务市场，这就导致传统数字电视相关行业受到冲击。金亚

科技传统主营业务就是数字电视设备提供业务，在此背景下，市场需求减少导致竞争激烈、供应商减少原材料价格上涨导致利润下降以及数字电视设备网络化发展对研发投入要求高，三重原因导致金亚科技面临经营难题。因此，金亚科技实施转型战略以谋求新业务的发展。可惜的是，金亚科技转型战略过于激进，在转型前期即投资过多企业导致资金分散。而且，金亚科技的投资选择有误，其投资的多家企业长期无法盈利。传统主营业务利润降低以及新业务难以盈利，导致金亚科技陷入财务困境。财务困境就成了金亚科技财务舞弊的压力和借口，同时内部控制制度的失效为管理层实施舞弊行为创造了机会。下面，根据COSO的内部控制五要素，开展对金亚科技财务报告内部控制失效特征的分析。

（一）金亚科技财务报告内部控制失效之控制环境特征

1. 股权结构过于集中，侵占中小股东利益

根据新浪财经网站数据显示，金亚科技前董事长周旭辉自2009年起，对金亚科技的持股比例一直不低于27%。大股东一股独大导致权力过分集中，前董事长周旭辉存在大股东占用上市公司资金的情况，造成账实不符。此外，一股独大导致大股东权力过大，从而造成了2014年度的财务报告造假事件。中国证监会对案件调查结果显示，大股东周旭辉与管理层勾结，与金亚科技的财务负责人一起策划实施了财务舞弊事件，其通过虚增收入、成本，配套地虚增存货、往来款和银行存款以伪造财务数据，从而稳定股票市场，严重侵犯了中小股东的利益。

2. 内部审计机构形同虚设

金亚科技2015年度内部控制鉴证报告和内部控制自我评价报告揭露了内部审计机构存在的问题。金亚科技公司设有审计部，但是审计部人员于2015年7月辞职后，截至2015年度内部控制报告基准日一直无人填补职位空缺，且未对审计专职人员缺失情况下做出新的安排及调整。由此可见，金亚科技的内部控制机构形同虚设，空有审计部却没有专职审计人员认真履职；此外，2014年度财务报告造假事件也反映出金亚科技内部审计制度失效，内部审计人员未能审慎、认真地履行职责，未能发现2014年年报中的重大财务数据造假事件。

(二) 金亚科技财务报告内部控制失效之风险评估特征

金亚科技的风险意识、风险评估能力、风险应对措施都相对缺乏。面临主营业务困境，2013 年金亚科技寻求转型，但是转型的第一年就遭遇了经营亏损的窘状。金亚科技对投资风险缺少识别、评估以及应对的能力。金亚科技未能识别转型战略过于激进的风险，一方面投资过多导致资金过于分散，另一方面未能识别出投资企业的风险导致投资的公司连年亏损拖垮母公司。同时，金亚科技未能对风险进行有效评估，金亚科技自转型初期便看好的文化游戏产业链并未给公司带来预想的利润，在此情况下金亚科技依旧坚持投资 WCA 电子竞技大赛，长期的投入产出不成比导致金亚科技的亏损状况越来越严重。另外，金亚科技未能对风险进行有效控制，对于战略转型带来的风险，金亚科技未能及时做出有效控制导致转型成本越来越高最终造成无法扭转的亏损状态。正是由于金亚科技的风险意识、风险评估能力以及风险控制能力低下，导致公司出现财务困境，这才诱发了 2014 年度的财务造假事件。

(三) 金亚科技财务报告内部控制失效之控制活动特征

金亚科技 2014 年度的财务造假案件反映出公司会计制度体系存在极大的问题。首先，财务相关职责分工不合理，未能形成权力的制衡。金亚科技前董事长周旭辉联合财务负责人，指派财务人员进行财务数据造假，整个造假过程仅涉及两名财务处人员。由此可见，金亚科技的财务人员设置不合理，未能进行权责分离，从而形成有效的制衡。其次，金亚科技财务人员的职业道德水平较差。两名财务处人员听从财务负责人和前董事长的指令，编造出真假两套账套，这严重违反了会计人员职业道德法律法规的要求。

(四) 金亚科技财务报告内部控制失效之信息与沟通特征

金亚科技存在信息披露不规范和内部沟通不流畅的问题。在信息披露问题上，金亚科技在 2015 年第六次财务重述中，对公司 2014 年年度财务报告中错误的财务数据进行更正和追溯调整，因为此次调整涉及的项目多且金额较大，导致更正前后的净利润、利润总额以及营业利润还有净资产变动幅度都超过了50%。另外，金亚科技的信息与沟通上还存在内部沟通不流畅的问题。在中兴华会计师事务所对金亚科技2015年度财务报告出具的无法表示意见事项中有一条：因联营公司未能充分地提供审计所需的财务资料，导致中兴华未能实施有效的审计程序获取充分、适当的审计证据，无法确认公司对其核算的投资收益、长期股权投资期末价值的正确性。同时，亚太（集团）会计师事务所在对金亚科技2016年度内部控制鉴证报告中提到，参股公司的增加、地理区域的分散性导致金亚科技在对参股公司的管理上较为薄弱，与子公司之间的内部沟通交流不顺畅，需进一步加强对参股公司的投后管理。

（五）金亚科技财务报告内部控制失效之内部监督特征

金亚科技的独立董事和监事会形同虚设，独立董事和监事会人员未能勤勉履职，未能保持独立性从而维护中小股东的利益，导致内部监督失效。独立董事制度设立的初衷是作为独立第三方，对管理层日常经营管理和重大决策进行监督和指导，以维护中小股东的利益不受侵犯。金亚科技的独立董事在审议财务报告时显然没有保持审慎和勤勉。对于2013年度出现重大亏损而2014年度报告上反亏为盈且涨幅较大的反常现象，金亚科技独立董事未能用专业知识进行分析，未能保持独立性出具公正的独立意见。监事会人员也未能行使监督的职责，在审议财务报告和重大事项时未能保持审慎的态度，同时也未能履行勤勉的义务。

第四部分

我国上市公司财务报告内部控制失效的评价指标体系

第七章

我国上市公司财务报告内部控制失效评价指标体系：基于案例的特征总结

第一节 我国上市公司财务报告内部控制失效的评价框架

本书主要是通过回顾国内外内部控制评价体系的发展，查找中国证券监督管理委员的行政处罚决定中对财务报告存在有关问题的公司并进行整理归纳，整理出财务报告内部控制存在问题的公司的目录。然后根据这个目录搜索该公司的有关信息，包括公司简介以及媒体根据其违规事实所进行的评论，这些信息主要来自新华网、证券时报、新浪财经等网站，案例收集完之后，便对存在的财务报告内部控制问题进行总结。首先把内部控制问题归类到《企业内部控制基本规范》提出的五要素，根据这些公司存在的问题，并考虑到与财务报告内部控制有效性的相关性，以及指标的实用性等方面，提出二级指标的整体框架，之后通过对这些公司存在的缺陷的具体情况进行分析，最后得出基于财务报告内部控制存在缺陷的公司的财务报告内部控制有效性评价指标体系。

于增彪等（2007）认为，实际中有几种内控评价标准模式被采用：第一种是报告中的各要素标准，即将内控项目按各要素进行细分，再按照关于每一要素的必要条款确定评价标准；第二种是采用一般标准和具体标准作为评价标准，其中的一般标准主要指的是内控制度的完整、合理和有效性，而具体标准又可以划分为要素标准和作业标准；第三种是结果评价标准和过程评价标准，其中结果评价标准主要是考核内控目标的达到程度，而过程评价标准主要指内控执行过程中的有效程度如何。结合本书的特点，并且联系指标体系的可行性要求，采用第一种模式，即报告中的各要素标准，即将内控项目按各要素进行细分。仇莹（2005）认为财务报告内部控制评价模型是一种内部控制评价体系，它是对内部控制目标、控制程序、控制风险会计报表认定目标、COSO报告中内部控制五大要素之间关系的一种描述和评价。

尽管对内部控制要素的划分有很多观点，如COSO委员会在1992年提出：内部控制系统是由控制环境、风险评估、内控活动、信息与沟通、监督五个要素组成的；而在2004年提出ERM分为八个要素，即内部环境、目标制定、事项识别、风险评估、风险反应、控制活动、信息与沟通、监控八个相互关联的要素；同时英国的特恩布尔内控报告、加拿大的COSO报告都对内部控制要素进行了界定和阐述。

2008年6月28日，财政部等五部委联合发布《企业内部控制基本规范》。《企业内部控制基本规范》被称为"中国版萨班斯法案"，它立足我国国情、借鉴国际惯例，确定了"内部环境、风险评估、控制活动、信息与沟通、内部监督"五个内部控制要素。《企业内部控制基本规范》为上市公司内部控制建设提供了一套正式的、统一的"游戏规则"，同样也适用于对内部控制是否有效的评价，以此来确定我国上市公司财务报告内部控制失效的评价框架（见图7-1）。

内部环境	风险评估	控制活动	信息与沟通	内部监督
		合规目标		
		资产安全目标		
		报告目标		
		经营目标		
		战略目标		

图 7-1　内部控制有效性测度框架

第二节 我国上市公司财务报告
内部控制失效的评价指标体系构建

诚然,根据《企业内部控制基本规范》所确定的五要素来设计全面的评价体系,虽然全面,但成本必然十分高,并不具有现实操作性。为此,我们拟通过总结近20年来我国上市公司的财务报告内部控制失效的案例,从而发现我国上市公司财务报告内部控制失效的主要特征,通过这些主要特征的表象分别从《企业内部控制基本规范》所规定的"内控五个要素"确定财务报告内部控制失效的指标体系。

一、我国上市公司财务报告内部控制失效的主要特征

(一)我国上市公司财务报告内部控制之内部环境主要特征

内部环境是内部控制的关键,奠定了一个内部控制的基调。内部环境是内部控制其他四个要素的保护伞,如果没有一个有效的内部环境,那么一个有效的内部控制是不可能建立的。本书根据对案例的分析与总结,得出我国上市公司财务报告内部控制的"内部环境"主要存在以下问题。

1. 控制股东制衡出现失效,具体表现为控制股东股权制衡缺失、控制股东凌驾于内部控制之上、控制股东非经营性资金占用等特征

第一,在股权制衡缺失方面,以往的财务报告内部控制失效典型案例中有如下代表:①在海联讯案例中,根据海联讯多年年报数据,我们可以发现,该公司大部分股权集中在章锋、孔飙、邢文飚、杨德广以及苏红宇等人之手。如此集中的股权,为其他股东制衡控制股东带来限制,作为公司的实际控制人,更易于他们利用公司应收账款、营业收入等做出舞弊行为。②在康美药业案例中,根据康美药业2016~2019年年报,研究发现,康美药业的前十大股东中存在着复杂的关联关系,康美药业的控制权被马兴田与许冬瑾夫妇牢牢把控、难以撼动,这样的股权结构很难达到股权制

衡的治理效果,极易导致控制股东的制衡失效。③在万福生科案例中,根据万福生科2011年年报,董事长龚永福及其妻子杨荣华总共持股约60%,对公司具有绝对的控制权。

第二,在控制股东凌驾于内部控制之上方面,以往的财务报告内部控制失效典型案例中有如下代表:①在康美药业案例中,控制股东马兴田与许冬瑾夫妇可以绕过应有的决策审批和授权程序,为自己大开绿灯。同样的情况在天业股份案例、康得新案例等均存在。②在凯迪生态案例中,根据中审众环会计师事务所出具的2017年度"凯迪生态内部控制审计报告",凯迪生态的会计凭证需经由控股股东有关人员审批后,方可生效。③在万福生科案例中,公司实际控制人龚永福兼任公司董事长和总经理双职,使公司董事会和经理层丧失了必要相互监管和制约的机制。

第三,在控制股东非经营性资金占用方面,以往的财务报告内部控制失效典型案例中有如下代表:①在康美药业案例中,2016年1月1日至2018年12月31日,康美药业累计向控股股东及其关联方提供非经营性资金116.19亿元,用于购买股票、替控股股东及其关联方偿还融资本息、垫付解质押款或支付收购溢价款等。②在康得新案例中,根据证监会的行政处罚决定,康得新及其合并财务报表范围内三家子公司的五个银行账户资金被实时归集到控股股东康得集团。另外,控股股东康得集团在未履行公司内部审批决策程序情况下存在以公司及控股子公司名义开具商业承兑汇票、通过相关供应商工程施工方等其他相关非经营性资金占用情况。③在天业股份案例中,天业股份在未完全履行公司决策审批程序的情况下,截至2018年12月31日,天业股份控股股东通过相关公司占用公司资金及应收利息余额为482447638.55元。

2. 董事会制衡和决策失效,具体表现为董事会权力缺乏制衡、董事会决策程序不规范等特征

第一,在董事会权力缺乏制衡方面,以往的财务报告内部控制失效典型案例中有如下代表:①在万福生科案例中,公司实际控制人龚永福兼任公司董事长和总经理双职,一手把控董事会。②在华锐风电案例中,作为公司创始人的韩俊良成为董事长后为人强势,董事会中的多位董事均是他长期以来扶植起来的"部将",因此其个人意志压倒性地成为公司意志。③在振兴生化案例中,公司董事长史曜瑜是振兴集团创始人史珉志之子,也是振兴生化前任董事长兼总经理史跃武的兄弟。而在振兴集团控制下的振兴生化，在董事会五名成员中，有三名的背景直接与振兴集团有关，从而代表大股东的董事在董事会中占据相对多数。

第二，在董事会决策程序不规范方面，以往的财务报告内部控制失效典型案例中有如下代表：①在华锐风电案例中，时任董事长韩俊良做出的盲目扩张海上风电以及海外市场的决策，没有经过必要的决策程序。②在上述的控股股东非经营性资金占用案例中，康美药业、康得新、天业股份等公司均在未履行公司内部审批决策程序情况下做出决策。③在振兴生化案例中，前独董叶全良曾经指出，董事会实际上已丧失决策过程的透明度。④在康得新案例中，2015~2018年，独立董事会成员中没有任何一名独立董事以现场出席或远程会议的方式参加公司董事会（胡明霞等，2020），这也反映了公司重大决策程序存在明显的问题。

3. 管理层道德败坏、制衡失效

第一，关于管理层道德败坏方面，康美药业案例中，包括董事长兼任总经理的马兴田在内的多位管理层曾经向诸如证监会发行监管部发行审核一处处长、创业板发行监管部副主任、揭阳市委原书记陈弘平、广东省委原常委、广州市委原书记万庆良，四川省阆中市市委原书记蒋建平，广东省食品药品监督管理局药品安全生产监管处处长蔡明等人行贿。

第二，关于管理层权力制衡失效方面，以往的财务报告内部控制失效典型案例中有如下代表：①在北大荒案例中，据时任北大荒董事会秘书史晓丹证实，时任公司总经理丁晓枫口头批准了巨额资金拆借，而没有通过董事会的必要程序。北大荒召开了12次总经理办公会，其中5次会议仅有两名管理层成员出席，违反了公司"三重一大"决策制度的规定。②在天业股份案例中，时任天业恒基法定代表人曾昭秦绕开股东大会决议，在没有授权的情况下，以公司名义为他人担保，后来被追偿连带责任。

（二）我国上市公司财务报告内部控制之风险评估主要特征

风险管理是企业内部控制的应有之义。企业应当设置自身的风险目标、风险容量，通过科学的方法识别风险、评估风险，通过多种措施应对风险，将风险控制在企业可接受水平之下。本书根据对案例的分析与总结，我国上市公司财务报告内部控制的"风险评估"方面的问题主要存在于以下几方面。

1. 行业政策风险评估缺失

在此方面，以往的财务报告内部控制失效典型案例中有如下代表：①在华锐风电案例中，该公司所处的新能源行业极易受到国家宏观政策的影响。然而，该公司多年的年报中，更多关注风机质量的风险，而几乎对于行业政策风险只字未提；类似的情况在凯迪生态案例中也存在。不同的是，凯迪生态受到的是电力体制改革所带来的行业政策风险。②在天业股份案例中，该公司以房地产行业为主。而房地产行业受到国家宏观调控政策影响较大，政策风险及市场波动风险是所有房地产企业无法回避的问题。令人遗憾的是，天业股份并没有足够重视房地产行业调控所带来的风险。类似地，亚太实业也同处房地产行业，也同样存在该类问题。③在万福生科案例中，该公司主要生产原料为稻谷、碎米。因此，该公司受国家政策、供求关系、收购市场竞争、国际宏观经济形势的影响较大。同样地，在獐子岛案例中，该公司对于消耗性生物资产的风险监控存在着重大缺陷。

2. 财务风险评估失效

在此方面，以往的财务报告内部控制失效典型案例中有如下代表：①在康美药业案例中，该公司风险意识薄弱，主要体现在康美药业通过大幅增加短期负债来满足融资需求，忽视了财务风险。在康美药业的债务中，短期负债占据了主要地位，自2016年开始，康美药业的短期负债不断增加，从2015年的46.20亿元增长到2019年的128.11亿元，企业的财务费用也随着不断增加。②在天业股份案例中，该公司所处的房地产行业具有资金密集的特点，需要足够的现金流量来支撑，而该公司这方面的风险管理存在重大缺陷。

（三）我国上市公司财务报告内部控制之控制活动主要特征

控制活动是内部控制能否有效发挥作用的关键政策和程序，它是内部控制制度设计的主体，更是内部控制制度执行的主体。通过控制活动，可以将"风险评估"流程中识别与评估的风险加以有效控制，最终将企业风险控制在企业可接受水平之下。根据对案例的分析与总结，我们认为我国上市公司财务报告内部控制的"控制活动"存在如下问题。

第七章
我国上市公司财务报告内部控制失效评价指标体系：基于案例的特征总结

1. 资金管理控制活动失效

在此方面，以往的财务报告内部控制失效典型案例中有如下代表：①在北大荒案例中，北大荒及其子公司管理层逾越管理权限审批使用资金。②在凯迪生态案例中，由于涉及司法诉讼，凯迪生态公司238个银行账户已被冻结，部分子公司未能通过正常结算渠道进行资金收付。③在康美药业案例中，根据广东正中珠江会计师事务所出具的2018年度"康美药业内部控制审计报告"，康美药业日常资金管理规范并未有效执行。④在振兴深化案例中，根据致同会计师事务所出具的2015年度与2016年度的"振兴生化内部控制审计报告"，该公司存在使用个人账户替代公司账户进行现金管理的严重问题。

2. 会计核算与实物控制失效

在此方面，以往的财务报告内部控制失效典型案例中有如下代表：①在天业股份案例中，根据2017年天业股份内部控制自我评价报告，该公司对会计凭证的复核工作不落实，一些重要的凭证和单据的签字、盖章没有进行细致复核，无法保证各项经济业务的准确、真实及完整。②在凯迪生态案例中，根据大华会计师事务所出具的2018年度"凯迪生态内部控制审计报告"，该公司规定记账凭证编制完成后需经过审核才能记账，并且需不同的人进行编制和审核。然而，该制度并未得到有效执行。③在康美药业案例中，根据广东正中珠江会计师事务所出具的2018年度"康美药业内部控制审计报告"，该公司存在财务核算不规范、财务档案管理不规范等重大问题。④在海联讯案例中，根据公司内部控制自我评价报告，公司存在未能在确认收入的同时确认成本、未能按照权责发生制计提年终奖金、未能正确计提应收账款坏账准备、确认了并不符合准则规定的合同收入等严重问题。⑤在华锐风电案例中，根据瑞华会计师事务所出具的"华锐风电内部控制审计报告"，该公司未对存货等实物资产实施有效控制，造成存货等实物资产与账面记录存在重大不一致的情况。

3. 资产减值不规范

在此方面，以往的财务报告内部控制失效典型案例中有如下代表：①在北大荒案例中，北大荒在资产减值测试、定期核对往来款项、依法取得涉税凭证和准确计缴税金等方面存在缺陷。②在亚太实业案例中，根据希格玛会计师事务所出具的"亚太实业内部控制审计报告"，该公司存在未能定期执行资产减值测试的问题。相同地,在凯迪生态案例中,凯迪生态也存在期末未执行资产减值测试,或者在资产减值测试过程中未发现表明该资产已发生减值的客观证据等严重问题。

4. 违规担保

在此方面,以往的财务报告内部控制失效典型案例中有如下代表:①在天业股份案例中,该公司涉及为山东天业房地产开发集团有限公司对外借款、山东天业国际能源有限公司对外借款提供担保合计金额达到116700.00万元。②在康得新案例中,虽然公司制定了《对外担保管理制度》,但是时任管理层未能有效实施前述制度。例如,康得集团利用对全资子公司张家港康得新光电材料有限公司的控制,以光电公司存放于厦门国际银行的15亿定期存单为控股股东康得集团提供质押担保。康得新的子公司张家港菲尔为张家港光电抵押了其土地房产,而并未将该抵押担保合同告知时任管理层,时任管理层亦未开展相应的对外担保程序进行审批。

(四) 我国上市公司财务报告内部控制之信息与沟通主要特征

信息与沟通的本质要求,就是要及时、准确、全面地采集、整理企业的各方面信息,并能够有效地在企业内部各个层级之间、与企业外部的各方利益相关之间展开信息传递、有效沟通,以支持相关决策。因此,信息与沟通是保障财务报告内部控制有效的"神经网络",是财务报告内部控制的"基础设施"。根据对案例的分析与总结,研究认为我国上市公司财务报告内部控制的"信息与沟通"存在如下问题。

1. 信息与沟通的及时性缺失

在此方面,以往的财务报告内部控制失效典型案例中有如下代表:①在天业股份案例中,根据中国证监会对天业股份的行政处罚决定书,该公司未及时披露及未在定期报告中披露对外担保、未及时披露及未在定期报告中披露未能清偿到期重大债务的违约情况、未及时披露及未在定期报告中披露重大诉讼和仲裁等。②在凯迪生态案例中,该公司发现公司的业绩预告与实际业绩存在严重不符。这时公司本应及时向社会公众发布公告,但该公司一直拖延到年报公布前一天才做出说明。

2. 信息与沟通的完整性缺失

在此方面,以往的财务报告内部控制失效典型案例中有如下代表:

①在康得新案例中，该公司在披露公司对大股东康德集团质押担保事项上，仅仅公告了出质人、质押物、债权人等一些基础信息，而对于更重要的金额、用途、项目盈利情况等详细信息则没有披露。②在天业股份案例中，也存在类似上述康得新案例中的情况。③在振兴生化案例中，该公司隐瞒了出资1800万元设立广东普奥思生物科技有限公司一事，该事项仅公司内部少数人知情，后期公告中也存在披露不完整的情况。

3. 信息与沟通的真实准确性缺失

在此方面，以往的财务报告内部控制失效典型案例中，几乎每一个案例都存在信息与沟通的真实性、准确性缺失的严重问题。其中，最有代表性的是金亚股份的案例。该公司在2015年对2014年财务报告中的错误财务数据进行了共计六次财务重述。更为甚者，其在同年披露的2015年度报告中，又对2014年的净利润、利润总额以及营业利润等数据进行了再一次调整。

（五）我国上市公司财务报告内部控制之内部监督主要特征

内部监督是企业内部控制的一个要素，也是内部控制的再控制。通过对企业内部控制制度的建立和实施进行监督检查，并展开合理的评价，及时发现内部控制缺陷，促进持续改善。根据对案例的分析与总结，我们认为我国上市公司财务报告内部控制的"内部监督"存在如下问题。

1. 监事会没有或无法尽其应尽的职责

在此方面，以往的财务报告内部控制失效典型案例中有如下代表：①在吴忠仪表案例中，根据中国证券监督管理委员会行政处罚决定书（证监罚字〔2006〕6号），吴忠仪表监事会历来对所有的事项均称"是"。根据公开信息，吴忠仪表监事会由三名成员组成，分别是纵素莲、钟建军、曹洁。其中，纵素莲是召集人，她是吴忠仪表集团的人力资源部部长，曹洁是吴忠仪表集团核算处处长，钟建军是吴忠仪表审计监察部部长。这样的监事会全部由上市公司或控股股东的中层干部组成，其独立性和胜任能力让人担忧。②同样的情况，也发生在康美药业案例中。根据公开信息，2016年及2017年康美药业的监事会由罗家谦、马焕洲和温少生三人组成，2018年李定安代替温少生成为监事。而温少生和马焕洲同时也分别担任着康美药业的证券部总经理和财务管理部总经理助理的职位，而罗家谦在任公司监事之前也曾是康美药业的高管之一。

2. 内部审计部门缺失、能力堪忧

在此方面，以往的财务报告内部控制失效典型案例中有如下代表：①在振兴生化案例中，根据致同会计师事务所出具的2014~2015年度的振兴生化内部控制审计报告，该公司未设立内部审计机构，无法对生产经营活动进行有效监督。②在亚太实业案例中，也发生了同样的情况。根据瑞华会计师事务所出具的2014年度亚太实业内部控制审计报告，亚太实业公司没有设置内部审计部门，没有执行内部控制监督制度。③在金亚股份案例中，该公司的审计部原主任离职后，就一直无人接替，内部审计部门缺乏必要的领导，正常工作难以开展。

二、我国上市公司财务报告内部控制失效的评价指标体系

（一）我国上市公司财务报告内部控制失效表现小结

本书通过对出现问题的公司案例进行总结，得出了这些财务报告内部控制有效性出现问题的公司的具体表现，并且对其中的典型案例进行了简要分析。以下将对这些问题以表格的形式加以分析，表7-1对出现问题的公司具体表现进行了总结。

表7-1 我国上市公司财务报告内部控制失效表现

五要素	失效点	表现
内部环境	控制股东制衡出现失效	具体表现为控制股东股权制衡缺失；控制股东凌驾于内部控制之上；控制股东非经营性资金占用等特征
	董事会制衡和决策失效	董事会权力缺乏制衡、董事会决策程序不规范等
	管理层道德败坏、制衡失效	经营者大权独揽，缺乏制衡与约束；缺乏规范的决策机制与流程；缺乏对经理层的监督评价机制
风险评估	行业政策风险评估缺失	缺少对风险的足够认识、评估和应对措施；缺少适当的风险评估机制；缺少风险预警机制；缺少正式的突发危机处理机制
	经营与财务风险评估失效	公司因为进行投资新项目、规模扩张、收购、上市等活动而导致企业高额负债、资金周转困难

第七章
我国上市公司财务报告内部控制失效评价指标体系：基于案例的特征总结

续表

五要素	失效点	表现
控制活动	资金管理控制活动失效	逾越管理权限审批使用资金；使用个人账户替代公司账户等
	会计核算与实物控制失效	会计凭证的复核工作不落实；财务核算不规范，财务档案管理不规范；未能在确认收入的同时确认成本、未能按照权责发生制计提年终奖金、未能正确计提应收账款坏账准备、确认了并不符合准则规定的合同收入；未对存货等实物资产实施有效控制
	资产减值不规范	未执行资产减值测试，或者在资产减值测试过程中未发现表明该资产已发生减值的客观证据
	违规担保	绕过审批等程序，违规对外（尤其是控制股东）提供担保
信息与沟通	信息与沟通的及时性缺失	公司重大事项不能及时披露
	信息与沟通的完整性缺失	公司重大事项披露中避实就虚、选择性披露
	信息与沟通的真实准确性缺失	公司重大事项披露存在弄虚作假、舞弊行为
内部监督	监事会没有或无法尽其应尽的职责	监事会成员构成缺乏独立性和专业性
	内部审计部门缺失、能力堪忧	内部审计部门职能残缺，或者没有正式的内部审计部门，或者内部审计部门的独立性得不到保证，审计委员会形同虚设

（二）我国上市公司财务报告内部控制失效的评价指标体系的提出

根据上一节对出现问题的具体表现和问题公司进行的总结，制定出财务报告内部控制失效评价指标体系，如表7-2所示。

表7-2 我国上市公司财务报告内部控制失效评价指标体系

一级指标	二级指标和三级指标	
A 内部环境	A1 控制股东制衡的失效	A11 股权制衡缺乏
		A12 控制股东凌驾于内控之上
		A13 控制股东非经营性资金占用

续表

一级指标	二级指标和三级指标	
A 内部环境	A2 董事会制衡与科学决策失效	A21 董事长的权力缺乏制衡
		A22 董事会决策程序不规范
	A3 管理层道德败坏、制衡失效	A31 管理层存在以往劣迹或者败德行为
		A32 管理层缺乏监督和制衡
B 风险评估	B1 公司总体风险的评估缺失	B11 缺乏对宏观经济与行业政策的风险敏感性
		B12 缺乏风险预警机制
		B13 缺乏风险应对（尤其是突发危机）的机制
	B2 经营和财务风险的评估缺失	B21 缺乏针对经营风险的评估
		B22 缺乏针对财务风险的评估
C 控制活动	C1 资金管理控制活动失效	C11 逾越管理权限审批使用资金
		C12 使用个人账户替代公司账户
	C2 会计核算与实物控制失效	C21 会计凭证的复核不规范
		C22 财务档案管理不规范
		C23 确认收入、结转成本不规范
		C24 存货等实物资产管理不规范
	C3 资产减值不规范	
	C4 违规担保	
D 信息与沟通	D1 信息与沟通的及时性缺失	
	D2 信息与沟通的完整性缺失	
	D3 信息与沟通的真实准确性缺失	
E 内部监督	E1 监事会没有或无法尽其应尽的职责	E11 监事会成员构成缺乏独立性
		E12 监事会成员构成缺乏专业能力
	E2 内部审计部门缺失、能力堪忧	E21 内部审计部门职能残缺或没有设立内部审计部门
		E22 内部审计缺乏独立性
		E23 内部审计缺乏专业能力

第三节 我国上市公司财务报告内部控制失效的评价指标体系间网络关系：基于 DEMATEL 方法

一、DEMATEL 方法简介

实验室决策分析法（Decision-making Trial and Evaluation Laboratory，DEMATEL）是 Gabus 和 Fontela（1972，1973）提出的一种基于图论和矩阵论、用于识别各个维度（以及指标）间复杂网络影响关系的系统因素分析方法。该方法首先根据研究问题所建立的指标体系，选择此研究问题的具有代表性的专家进行各指标间相互影响关系的问卷调查。然后，基于调查数据，构建评级指标之间的影响矩阵。接着，通过计算分析判断指标体系中各维度和指标之间直接影响关系的有无以及影响程度的强弱，进而提出各个指标在指标体系中的影响程度和重要性，并分离出动因性指标和结果性指标。最后，以影响网络关系图（Influential Network Relations Map，IN-RM）直观呈现指标体系的复杂网络关系。总而言之，该方法借助专家知识来认识复杂系统，尤其适用分析相互影响关系不明朗的非独立性指标体系。正是由于 DEMATEL 方法所具有的特有优势，该方法已经在碳管理、可持续供应链管理、可持续生活因素、会计师事务所可持续绩效评价等方面得到了广泛应用（Hsu et al., 2013；Su et al., 2016；Deng et al., 2018）。一般而言，DEMATEL 方法具体有如下几个步骤：

（一）通过问卷获得初始直接相关影响平均矩阵 A

根据所研究问题，邀请一组相关专家，对各个指标之前的直接影响关系打分，问卷采用李克特 5 点量表，分数所对应的影响程度分别是"没有影响 = 0"、"影响程度较低 = 1"、"影响程度一般 = 2"、"影响程度较高 = 3"和"影响程度很高 = 4"。例如，专家 P 对于指标 i 对指标 j 直接影响的打分，表示为 a_{ij}^p。为了得出专家的判断进一步分析，初始平均矩阵采用每个被调查的专家反馈的算术平均数来形成初始平均矩阵 F，其中 a_{ij} 表示所有专家对于指标 i 对指标 j 直接影响的打分值的算数平均数，矩阵 A 表示为公式（7-1）：

$$A = \begin{bmatrix} a_{11} & \cdots & a_{j1} & \cdots & a_{n1} \\ \vdots & & \vdots & & \vdots \\ a_{i1} & & a_{ij} & & a_{in} \\ \vdots & & \vdots & & \vdots \\ a_{n1} & \cdots & a_{nj} & \cdots & a_{nn} \end{bmatrix} \quad (7\text{-}1)$$

（二）通过归一化，计算获得直接影响矩阵 X

在归一化初始平均矩阵，得到直接影响矩阵 X。矩阵 $X = [d_{ij}]_{n*n}$ 可以由公式（7-2）和公式（7-3）表示如下：

$$X = KA \quad (7\text{-}2)$$

$$K = \min\left\{ \frac{1}{\max_i \sum_{j=0}^{n} a_{ij}}, \frac{1}{\max_j \sum_{i=0}^{n} a_{ij}} \right\}, \ i, j \in \{1, 2, \cdots, n\} \quad (7\text{-}3)$$

（三）通过直接影响矩阵 X，推导构建总影响关系矩阵 T

T 为总影响矩阵，计算指标间相互影响的可能关系，进而为得到影响网络关系图（INRM）奠定基础。可以基于归一化的直接影响矩阵 X，通过如下公式得到总影响矩阵 T，其中 I 为单位矩阵：

$$\lim_{q \to \infty} (I + X + X^2 + \cdots + X^q) = (I - X)^{-1} \quad (7\text{-}4)$$

$$T = X + X^2 + \cdots + X^q = X(I - X)^{-1} = [t_{ij}]_{n*n}, \ i, j = 1, 2, \cdots, n \quad (7\text{-}5)$$

（四）计算指标体系中的各个指标的影响度和被影响度

对矩阵 T 中的元素按行相加得到相应各个指标的影响度（即各行对应指标对所有其他指标的综合影响值），由公式（7-6）表示：

$$d_j = \left[\sum_{j=1}^{n} t_{ij} \right]_{n*1} \quad (7\text{-}6)$$

对矩阵 T 中的元素按列相加得到相应指标的被影响度（即各列对应指标受到所有其他指标的综合影响值），由公式（7-7）表示：

$$r_i = \left[\sum_{i=1}^{n} t_{ij} \right]_{1*n} \quad (7\text{-}7)$$

（五）计算指标体系中的各指标的中心度与原因度

根据上步计算公式，将指标 i 的影响度加上被影响度，既可以得到该指标的中心度 m_i（见公式 7-8），表示该指标 i 在所有指标中所起作用的大小及其重要性地位：

$$m_i = d_j + r_i \tag{7-8}$$

根据上步计算公式，将指标 i 的影响度减去被影响度，既可以得到该指标的原因度 f_i（见公式 7-9）。如果指标 i 的原因度 f_i 为正值，则说明指标 i 对其他指标影响大，称为原因指标；如果指标 i 的原因度 f_i 为负值，则说明指标 i 受到其他指标影响大，称为结果指标：

$$f_i = d_j - r_i \tag{7-9}$$

（六）绘制笛卡尔坐标系

将中心度 $d_j + r_i$ 作为横轴，原因度 $d_j - r_i$ 作为纵轴，标出各指标在坐标系上的位置（$d_j + r_i$，$d_j - r_i$），分析各个风险的重要性，即获得 DEMATEL 网络关系图，是表示其中某个指标与其他指标相互影响的关系图。d_j 表示总影响矩阵 T 中各行指标对其他指标影响（直接的和间接的）的总和；同样地，r_i 表示总影响矩阵 T 中各列指标受到其他指标影响（直接的和间接的）的总和。因此，$d_j + r_i$ 代表该指标在整个指标体系中的重要程度，其值可凸显该风险因素在所有维度和指标间的核心程度，值越大，表示该指标在所有维度和指标间的关联度越高。$d_j - r_i$ 则代表该指标在整个指标体系中做出贡献的程度，其值可凸显该指标在所有维度和指标间归属的因果程度。当 $d_j - r_i$ 的值为正数时，表示该指标对其他指标具有正向的影响，该指标称为原因指标，反映了一种原因因素；当 $d_j - r_i$ 的值为负数时，表示该指标总体上受到其他指标的影响，称为结果指标，其反映了一种结果。

二、我国上市公司财务报告内部控制失效的评价指标体系网络关系的问卷调研

本部分以表 7-2 中所列示的"我国上市公司财务报告内部控制失效评

价指标体系"为基础,首先进行调查问卷设计,然后邀请多个与上市公司财务报告内部控制相关领域的学术专家和实务专家对各个指标之间的相互影响关系进行打分,采用 DEMATEL 方法探究指标体系间的网络关系。

(一) 调查问卷设计

本部分参考 Deng 等(2018)的问卷,以表 7-2 中所列示的一级、二级指标体系为基础,设计如下的调查问卷:

我国上市公司财务报告内部控制失效的评价指标体系网络关系调查问卷

尊敬的女士/先生:

您好!鉴于您在上市公司财务报告内部控制等相关实务和研究中所取得的卓越成果,特此邀请您参加此次问卷调查。本问卷是上市公司财务报告内部控制失效评价研究的重要组成部分,旨在了解相关指标间的相互影响关系。本问卷仅供学术研究使用,不会泄露您的个人信息。选项内容并无对错之分,请根据您的理论认知和实务经验做出判断。

感谢您抽出宝贵时间支持本研究!

1. 被调查者的基本资料

(1) 您的性别:男□　女□

(2) 您的年龄:____岁

(3) 您的职称:正高级□　副高级□　中级□　初级□　其他□

(4) 您的学历:博士研究生□　硕士研究生□　本科□　大专□
其他□

(5) 以下各项符合您身份的是:

◆从事上市公司财务报告内部控制相关实务工作□

◆研究上市公司财务报告内部控制相关的学者□

◆从事相关实务工作或研究学者□

◆其他(请在后面填写)_____

(6) 您从事上市公司财务报告内部控制相关研究(或实务)的年限:____年

第七章
我国上市公司财务报告内部控制失效评价指标体系：基于案例的特征总结

2. 上市公司财务报告内部控制失效评价指标间的相互影响关系

各个指标具体解释说明如下：

一级指标	二级指标
A 内部环境	A1 控制股东制衡的失效
	A2 董事会制衡与科学决策失效
	A3 管理层道德败坏、制衡失效
B 风险评估	B1 公司总体风险的评估缺失
	B2 经营和财务风险的评估缺失
C 控制活动	C1 资金管理控制活动失效
	C2 会计核算与实物控制失效
	C3 资产减值不规范
	C4 违规担保
D 信息与沟通	D1 信息与沟通的及时性缺失
	D2 信息与沟通的完整性缺失
	D3 信息与沟通的真实准确性缺失
E 内部监督	E1 监事会没有或无法尽其应尽的职责
	E2 内部审计部门缺失、能力堪忧

说明：本问卷采用5点量表法对上市公司财务报告内部控制失效的评价指标间的相互影响程度进行打分，旨在了解各个指标间的相互影响关系。

请根据您的理解，判断以下各指标对其他指标的影响程度高低，并做出相应选择：

（1）"A1 控制股东制衡的失效"对下列其他的指标的影响程度如何？

其他指标	没有影响	影响程度较低	一般影响	影响程度较高	影响程度很高
A2 董事会制衡与科学决策失效	☐	☐	☐	☐	☐
A3 管理层道德败坏、制衡失效	☐	☐	☐	☐	☐
B1 公司总体风险的评估缺失	☐	☐	☐	☐	☐
B2 经营和财务风险的评估缺失	☐	☐	☐	☐	☐
C1 资金管理控制活动失效	☐	☐	☐	☐	☐
C2 会计核算与实物控制失效	☐	☐	☐	☐	☐

续表

其他指标	没有影响	影响程度较低	一般影响	影响程度较高	影响程度很高
C3 资产减值不规范	□	□	□	□	□
C4 违规担保	□	□	□	□	□
D1 信息与沟通的及时性缺失	□	□	□	□	□
D2 信息与沟通的完整性缺失	□	□	□	□	□
D3 信息与沟通的真实准确性缺失	□	□	□	□	□
E1 监事会没有或无法尽其应尽的职责	□	□	□	□	□
E2 内部审计部门缺失、能力堪忧	□	□	□	□	□

（2）"A2 董事会制衡与科学决策失效"对下列其他的指标的影响程度如何？

其他指标	没有影响	影响程度较低	一般影响	影响程度较高	影响程度很高
A1 控制股东制衡的失效	□	□	□	□	□
A3 管理层道德败坏、制衡失效	□	□	□	□	□
B1 公司总体风险的评估缺失	□	□	□	□	□
B2 经营和财务风险的评估缺失	□	□	□	□	□
C1 资金管理控制活动失效	□	□	□	□	□
C2 会计核算与实物控制失效	□	□	□	□	□
C3 资产减值不规范	□	□	□	□	□
C4 违规担保	□	□	□	□	□
D1 信息与沟通的及时性缺失	□	□	□	□	□
D2 信息与沟通的完整性缺失	□	□	□	□	□
D3 信息与沟通的真实准确性缺失	□	□	□	□	□
E1 监事会没有或无法尽其应尽的职责	□	□	□	□	□
E2 内部审计部门缺失、能力堪忧	□	□	□	□	□

第七章
我国上市公司财务报告内部控制失效评价指标体系：基于案例的特征总结

（3）"A3 管理层道德败坏、制衡失效"对下列其他的指标的影响程度如何？

其他指标	没有影响	影响程度较低	一般影响	影响程度较高	影响程度很高
A1 控制股东制衡的失效	□	□	□	□	□
A2 董事会制衡与科学决策失效	□	□	□	□	□
B1 公司总体风险的评估缺失	□	□	□	□	□
B2 经营和财务风险的评估缺失	□	□	□	□	□
C1 资金管理控制活动失效	□	□	□	□	□
C2 会计核算与实物控制失效	□	□	□	□	□
C3 资产减值不规范	□	□	□	□	□
C4 违规担保	□	□	□	□	□
D1 信息与沟通的及时性缺失	□	□	□	□	□
D2 信息与沟通的完整性缺失	□	□	□	□	□
D3 信息与沟通的真实准确性缺失	□	□	□	□	□
E1 监事会没有或无法尽其应尽的职责	□	□	□	□	□
E2 内部审计部门缺失、能力堪忧	□	□	□	□	□

（4）"B1 公司总体风险的评估缺失"对下列其他的指标的影响程度如何？

其他指标	没有影响	影响程度较低	一般影响	影响程度较高	影响程度很高
A1 控制股东制衡的失效	□	□	□	□	□
A2 董事会制衡与科学决策失效	□	□	□	□	□
A3 管理层道德败坏、制衡失效	□	□	□	□	□
B2 经营和财务风险的评估缺失	□	□	□	□	□
C1 资金管理控制活动失效	□	□	□	□	□
C2 会计核算与实物控制失效	□	□	□	□	□
C3 资产减值不规范	□	□	□	□	□
C4 违规担保	□	□	□	□	□
D1 信息与沟通的及时性缺失	□	□	□	□	□
D2 信息与沟通的完整性缺失	□	□	□	□	□
D3 信息与沟通的真实准确性缺失	□	□	□	□	□
E1 监事会没有或无法尽其应尽的职责	□	□	□	□	□
E2 内部审计部门缺失、能力堪忧	□	□	□	□	□

(5)"B2 经营和财务风险的评估缺失"对下列其他的指标的影响程度如何?

其他指标	没有影响	影响程度较低	一般影响	影响程度较高	影响程度很高
A1 控制股东制衡的失效	□	□	□	□	□
A2 董事会制衡与科学决策失效	□	□	□	□	□
A3 管理层道德败坏、制衡失效	□	□	□	□	□
B1 公司总体风险的评估缺失	□	□	□	□	□
C1 资金管理控制活动失效	□	□	□	□	□
C2 会计核算与实物控制失效	□	□	□	□	□
C3 资产减值不规范	□	□	□	□	□
C4 违规担保	□	□	□	□	□
D1 信息与沟通的及时性缺失	□	□	□	□	□
D2 信息与沟通的完整性缺失	□	□	□	□	□
D3 信息与沟通的真实准确性缺失	□	□	□	□	□
E1 监事会没有或无法尽其应尽的职责	□	□	□	□	□
E2 内部审计部门缺失、能力堪忧	□	□	□	□	□

(6)"C1 资金管理控制活动失效"对下列其他的指标的影响程度如何?

其他指标	没有影响	影响程度较低	一般影响	影响程度较高	影响程度很高
A1 控制股东制衡的失效	□	□	□	□	□
A2 董事会制衡与科学决策失效	□	□	□	□	□
A3 管理层道德败坏、制衡失效	□	□	□	□	□
B1 公司总体风险的评估缺失	□	□	□	□	□
B2 经营和财务风险的评估缺失	□	□	□	□	□
C2 会计核算与实物控制失效	□	□	□	□	□
C3 资产减值不规范	□	□	□	□	□
C4 违规担保	□	□	□	□	□
D1 信息与沟通的及时性缺失	□	□	□	□	□
D2 信息与沟通的完整性缺失	□	□	□	□	□
D3 信息与沟通的真实准确性缺失	□	□	□	□	□
E1 监事会没有或无法尽其应尽的职责	□	□	□	□	□
E2 内部审计部门缺失、能力堪忧	□	□	□	□	□

第七章
我国上市公司财务报告内部控制失效评价指标体系：基于案例的特征总结

（7）"C2 会计核算与实物控制失效"对下列其他的指标的影响程度如何？

其他指标	没有影响	影响程度较低	一般影响	影响程度较高	影响程度很高
A1 控制股东制衡的失效	□	□	□	□	□
A2 董事会制衡与科学决策失效	□	□	□	□	□
A3 管理层道德败坏、制衡失效	□	□	□	□	□
B1 公司总体风险的评估缺失	□	□	□	□	□
B2 经营和财务风险的评估缺失	□	□	□	□	□
C1 资金管理控制活动失效	□	□	□	□	□
C3 资产减值不规范	□	□	□	□	□
C4 违规担保	□	□	□	□	□
D1 信息与沟通的及时性缺失	□	□	□	□	□
D2 信息与沟通的完整性缺失	□	□	□	□	□
D3 信息与沟通的真实准确性缺失	□	□	□	□	□
E1 监事会没有或无法尽其应尽的职责	□	□	□	□	□
E2 内部审计部门缺失、能力堪忧	□	□	□	□	□

（8）"C3 资产减值不规范"对下列其他的指标的影响程度如何？

其他指标	没有影响	影响程度较低	一般影响	影响程度较高	影响程度很高
A1 控制股东制衡的失效	□	□	□	□	□
A2 董事会制衡与科学决策失效	□	□	□	□	□
A3 管理层道德败坏、制衡失效	□	□	□	□	□
B1 公司总体风险的评估缺失	□	□	□	□	□
B2 经营和财务风险的评估缺失	□	□	□	□	□
C1 资金管理控制活动失效	□	□	□	□	□
C2 会计核算与实物控制失效	□	□	□	□	□
C4 违规担保	□	□	□	□	□
D1 信息与沟通的及时性缺失	□	□	□	□	□
D2 信息与沟通的完整性缺失	□	□	□	□	□
D3 信息与沟通的真实准确性缺失	□	□	□	□	□
E1 监事会没有或无法尽其应尽的职责	□	□	□	□	□
E2 内部审计部门缺失、能力堪忧	□	□	□	□	□

(9)"C4 违规担保"对下列其他的指标的影响程度如何？

其他指标	没有影响	影响程度较低	一般影响	影响程度较高	影响程度很高
A1 控制股东制衡的失效	□	□	□	□	□
A2 董事会制衡与科学决策失效	□	□	□	□	□
A3 管理层道德败坏、制衡失效	□	□	□	□	□
B1 公司总体风险的评估缺失	□	□	□	□	□
B2 经营和财务风险的评估缺失	□	□	□	□	□
C1 资金管理控制活动失效	□	□	□	□	□
C2 会计核算与实物控制失效	□	□	□	□	□
C3 资产减值不规范	□	□	□	□	□
D1 信息与沟通的及时性缺失	□	□	□	□	□
D2 信息与沟通的完整性缺失	□	□	□	□	□
D3 信息与沟通的真实准确性缺失	□	□	□	□	□
E1 监事会没有或无法尽其应尽的职责	□	□	□	□	□
E2 内部审计部门缺失、能力堪忧	□	□	□	□	□

(10)"D1 信息与沟通的及时性缺失"对下列其他的指标的影响程度如何？

其他指标	没有影响	影响程度较低	一般影响	影响程度较高	影响程度很高
A1 控制股东制衡的失效	□	□	□	□	□
A2 董事会制衡与科学决策失效	□	□	□	□	□
A3 管理层道德败坏、制衡失效	□	□	□	□	□
B1 公司总体风险的评估缺失	□	□	□	□	□
B2 经营和财务风险的评估缺失	□	□	□	□	□
C1 资金管理控制活动失效	□	□	□	□	□
C2 会计核算与实物控制失效	□	□	□	□	□
C3 资产减值不规范	□	□	□	□	□
C4 违规担保	□	□	□	□	□
D2 信息与沟通的完整性缺失	□	□	□	□	□
D3 信息与沟通的真实准确性缺失	□	□	□	□	□
E1 监事会没有或无法尽其应尽的职责	□	□	□	□	□
E2 内部审计部门缺失、能力堪忧	□	□	□	□	□

(11)"D2 信息与沟通的完整性缺失"对下列其他的指标的影响程度如何？

其他指标	没有影响	影响程度较低	一般影响	影响程度较高	影响程度很高
A1 控制股东制衡的失效	□	□	□	□	□
A2 董事会制衡与科学决策失效	□	□	□	□	□
A3 管理层道德败坏、制衡失效	□	□	□	□	□
B1 公司总体风险的评估缺失	□	□	□	□	□
B2 经营和财务风险的评估缺失	□	□	□	□	□
C1 资金管理控制活动失效	□	□	□	□	□
C2 会计核算与实物控制失效	□	□	□	□	□
C3 资产减值不规范	□	□	□	□	□
C4 违规担保	□	□	□	□	□
D1 信息与沟通的及时性缺失	□	□	□	□	□
D3 信息与沟通的真实准确性缺失	□	□	□	□	□
E1 监事会没有或无法尽其应尽的职责	□	□	□	□	□
E2 内部审计部门缺失、能力堪忧	□	□	□	□	□

(12)"D3 信息与沟通的真实准确性缺失"对下列其他的指标的影响程度如何？

其他指标	没有影响	影响程度较低	一般影响	影响程度较高	影响程度很高
A1 控制股东制衡的失效	□	□	□	□	□
A2 董事会制衡与科学决策失效	□	□	□	□	□
A3 管理层道德败坏、制衡失效	□	□	□	□	□
B1 公司总体风险的评估缺失	□	□	□	□	□
B2 经营和财务风险的评估缺失	□	□	□	□	□
C1 资金管理控制活动失效	□	□	□	□	□
C2 会计核算与实物控制失效	□	□	□	□	□
C3 资产减值不规范	□	□	□	□	□
C4 违规担保	□	□	□	□	□
D1 信息与沟通的及时性缺失	□	□	□	□	□
D2 信息与沟通的完整性缺失	□	□	□	□	□
E1 监事会没有或无法尽其应尽的职责	□	□	□	□	□
E2 内部审计部门缺失、能力堪忧	□	□	□	□	□

（13）"E1 监事会没有或无法尽其应尽的职责"对下列其他的指标的影响程度如何？

其他指标	没有影响	影响程度较低	一般影响	影响程度较高	影响程度很高
A1 控制股东制衡的失效	□	□	□	□	□
A2 董事会制衡与科学决策失效	□	□	□	□	□
A3 管理层道德败坏、制衡失效	□	□	□	□	□
B1 公司总体风险的评估缺失	□	□	□	□	□
B2 经营和财务风险的评估缺失	□	□	□	□	□
C1 资金管理控制活动失效	□	□	□	□	□
C2 会计核算与实物控制失效	□	□	□	□	□
C3 资产减值不规范	□	□	□	□	□
C4 违规担保	□	□	□	□	□
D1 信息与沟通的及时性缺失	□	□	□	□	□
D2 信息与沟通的完整性缺失	□	□	□	□	□
D3 信息与沟通的真实准确性缺失	□	□	□	□	□
E2 内部审计部门缺失、能力堪忧	□	□	□	□	□

（14）"E2 内部审计部门缺失、能力堪忧"对下列其他的指标的影响程度如何？

其他指标	没有影响	影响程度较低	一般影响	影响程度较高	影响程度很高
A1 控制股东制衡的失效	□	□	□	□	□
A2 董事会制衡与科学决策失效	□	□	□	□	□
A3 管理层道德败坏、制衡失效	□	□	□	□	□
B1 公司总体风险的评估缺失	□	□	□	□	□
B2 经营和财务风险的评估缺失	□	□	□	□	□
C1 资金管理控制活动失效	□	□	□	□	□
C2 会计核算与实物控制失效	□	□	□	□	□
C3 资产减值不规范	□	□	□	□	□
C4 违规担保	□	□	□	□	□
D1 信息与沟通的及时性缺失	□	□	□	□	□
D2 信息与沟通的完整性缺失	□	□	□	□	□
D3 信息与沟通的真实准确性缺失	□	□	□	□	□
E1 监事会没有或无法尽其应尽的职责	□	□	□	□	□

问卷结束，再次感谢您的大力支持！
祝您身体健康、阖家幸福、事业进步、事事如意！

(二) 问卷对象说明

为了保证问卷数据质量,我们通过"一对一"的方式发放问卷60份,有效回收33份。虽然问卷样本不多,但参考其他采用DEMATEL方法的相关文献,例如Peng和Tzeng(2013)、Chen(2015)、Zhu(2017)的问卷样本均不超过10份,因此我们的问卷数量以及据此分析的结论仍然具有较好的证据力。受访专家的描述性说明如表7-3所示。

表7-3 受访专家描述性说明

项目	内容	人数	比率(%)
性别	男	18	54.55
	女	15	45.45
年龄	35岁以下	6	18.18
	35~44岁	18	54.55
	45~54岁	7	21.21
	55岁及以上	2	6.06
职称	正高级	3	9.09
	副高级	10	30.30
	中级	17	51.52
	初级	3	9.09
学历	博士	7	21.21
	硕士	17	51.52
	本科	9	27.27
身份	研究上市公司财务报告内部控制的学者	4	12.12
	从事上市公司财务报告内部控制实务工作者	19	57.58
	学者或实务工作者	6	18.18
	其他	4	12.12
从事上市公司财务报告内部控制相关研究/实务的年限	3年以下	7	21.21
	3~6年	14	42.42
	7~10年	10	30.30
	10年以上	2	6.06

三、我国上市公司财务报告内部控制失效的评价指标体系网络关系的 DEMATEL 方法分析

根据上文 33 位专家的问卷数据，我们采用 DEMATEL 方法对我国上市公司财务报告内部控制失效的评价指标体系网络关系进行分析。

（一）DEMATEL 方法的具体应用和计算结果

1. 通过问卷获得初始直接相关影响平均矩阵 A

首先，本次问卷采用李克特量表，对两两指标间的相互影响程度进行打分，分数分别设为"没有影响=0"、"影响程度较低=1"、"影响程度一般=2"、"影响程度较高=3"和"影响程度很高=4"。将各位专家的问卷整理汇总，计算相应平均值后获得 14×14 的专家的平均得分矩阵，具体如表 7-4 所示。

表 7-4 初始直接相关影响平均矩阵

	0~4	A1	A2	A3	B1	B2	C1	C2	C3	C4	D1	D2	D3	E1	E2
A 内部环境	A1	0.000	1.727	2.333	2.394	3.091	2.061	1.758	2.273	1.697	1.848	1.879	1.941	2.033	2.255
	A2	2.333	0.000	2.667	2.879	2.697	2.242	1.788	2.030	1.970	1.939	2.121	2.036	2.133	2.545
	A3	2.970	2.667	0.000	2.909	2.970	2.485	1.909	2.121	2.061	2.000	2.242	2.100	2.200	2.691
B 风险评估	B1	2.455	2.394	2.697	0.000	2.727	2.515	1.848	2.182	1.848	2.303	2.182	2.418	2.533	2.618
	B2	2.727	2.121	2.545	2.697	0.000	2.909	2.061	2.182	2.121	2.364	2.697	2.482	2.600	3.236
C 控制活动	C1	1.636	1.394	1.394	2.030	2.394	0.000	2.212	1.879	2.273	1.848	2.061	1.941	2.033	2.473
	C2	1.909	1.667	1.909	2.303	2.545	2.485	0.000	2.394	2.394	2.242	2.394	2.355	2.467	2.873
	C3	1.545	1.515	1.636	1.848	2.303	2.030	1.939	0.000	2.000	1.818	1.970	1.909	2.000	2.364
	C4	1.391	1.364	1.473	1.664	2.073	1.827	1.745	1.800	0.000	1.636	1.773	1.718	1.800	2.127
D 信息沟通	D1	2.152	1.636	2.121	2.394	2.758	2.242	2.545	2.576	2.318	0.000	2.061	2.364	2.333	2.473
	D2	1.636	1.485	1.606	1.727	2.333	2.242	2.485	2.242	2.018	2.485	0.000	2.667	2.733	2.764
	D3	1.455	1.606	1.576	2.242	2.152	2.424	2.333	1.879	1.691	2.364	2.182	0.000	2.600	2.618
E 内部监督	E1	2.727	2.121	2.545	2.697	0.000	2.909	2.061	2.182	1.964	2.121	2.364	2.697	0.000	2.836
	E2	2.455	2.394	2.697	0.000	2.727	2.515	1.848	2.182	1.964	1.848	2.303	2.182	2.033	0.000

2. 通过归一化，计算获得直接影响矩阵 X

根据公式（7-2）和公式（7-3），计算获得直接影响矩阵，如表 7-5 所示。

表 7-5 直接影响矩阵 X

0~4		A1	A2	A3	B1	B2	C1	C2	C3	C4	D1	D2	D3	E1	E2
A 内部环境	A1	0.000	0.053	0.071	0.073	0.094	0.063	0.054	0.069	0.052	0.056	0.057	0.059	0.062	0.069
	A2	0.071	0.000	0.081	0.088	0.082	0.068	0.055	0.062	0.060	0.059	0.065	0.062	0.065	0.078
	A3	0.091	0.081	0.000	0.089	0.091	0.076	0.058	0.065	0.063	0.061	0.068	0.064	0.067	0.082
B 风险评估	B1	0.075	0.073	0.082	0.000	0.083	0.077	0.056	0.067	0.056	0.070	0.067	0.074	0.077	0.080
	B2	0.083	0.065	0.078	0.082	0.000	0.089	0.063	0.067	0.065	0.072	0.082	0.076	0.079	0.099
C 控制活动	C1	0.050	0.043	0.043	0.062	0.073	0.000	0.068	0.057	0.069	0.056	0.063	0.059	0.062	0.076
	C2	0.058	0.051	0.058	0.070	0.078	0.076	0.000	0.073	0.073	0.068	0.073	0.072	0.075	0.088
	C3	0.047	0.046	0.050	0.056	0.070	0.062	0.059	0.000	0.061	0.056	0.060	0.058	0.061	0.072
	C4	0.042	0.042	0.045	0.051	0.063	0.056	0.053	0.055	0.000	0.050	0.054	0.052	0.055	0.065
D 信息沟通	D1	0.066	0.050	0.065	0.073	0.084	0.068	0.078	0.079	0.071	0.000	0.063	0.072	0.071	0.076
	D2	0.050	0.045	0.049	0.053	0.071	0.064	0.076	0.068	0.062	0.076	0.000	0.081	0.083	0.084
	D3	0.044	0.049	0.048	0.068	0.066	0.074	0.071	0.057	0.052	0.072	0.067	0.000	0.079	0.080
E 内部监督	E1	0.083	0.065	0.078	0.082	0.000	0.089	0.063	0.067	0.060	0.065	0.072	0.082	0.000	0.087
	E2	0.075	0.073	0.082	0.000	0.083	0.077	0.056	0.067	0.060	0.056	0.070	0.067	0.062	0.000

3. 推导构建总影响关系矩阵 T

根据公式（7-4）和公式（7-5），计算得到总影响关系矩阵，如表7-6所示。

表 7-6 总影响关系矩阵

0~4		A1	A2	A3	B1	B2	C1	C2	C3	C4	D1	D2	D3	E1	E2
A 内部环境	A1	0.375	0.383	0.439	0.442	0.502	0.479	0.414	0.445	0.409	0.420	0.440	0.448	0.459	0.521
	A2	0.468	0.357	0.474	0.481	0.521	0.514	0.440	0.465	0.442	0.448	0.473	0.479	0.490	0.561
	A3	0.509	0.453	0.423	0.506	0.555	0.547	0.467	0.492	0.467	0.473	0.502	0.506	0.517	0.594
B 风险评估	B1	0.488	0.439	0.491	0.416	0.540	0.539	0.458	0.486	0.454	0.474	0.492	0.506	0.518	0.583
	B2	0.519	0.453	0.510	0.515	0.489	0.576	0.487	0.510	0.484	0.499	0.530	0.533	0.545	0.628
C 控制活动	C1	0.396	0.350	0.387	0.405	0.454	0.391	0.402	0.409	0.400	0.395	0.419	0.422	0.432	0.496
	C2	0.459	0.407	0.456	0.468	0.520	0.524	0.392	0.479	0.457	0.460	0.485	0.491	0.503	0.574
	C3	0.386	0.346	0.386	0.392	0.443	0.440	0.386	0.346	0.385	0.386	0.407	0.412	0.422	0.483
	C4	0.349	0.314	0.349	0.355	0.401	0.399	0.350	0.365	0.296	0.349	0.369	0.373	0.382	0.437
D 信息沟通	D1	0.468	0.408	0.464	0.473	0.528	0.520	0.466	0.485	0.456	0.397	0.477	0.493	0.501	0.565
	D2	0.433	0.385	0.429	0.434	0.492	0.497	0.445	0.456	0.429	0.448	0.397	0.480	0.490	0.548
	D3	0.413	0.375	0.414	0.432	0.471	0.485	0.426	0.431	0.405	0.430	0.444	0.389	0.470	0.526
E 内部监督	E1	0.469	0.409	0.462	0.467	0.440	0.522	0.440	0.461	0.434	0.445	0.471	0.487	0.420	0.558
	E2	0.439	0.395	0.442	0.373	0.486	0.485	0.412	0.437	0.412	0.414	0.446	0.449	0.453	0.450

4. 计算各个指标的影响度和被影响度、中心度和原因度

根据公式（7-6）、公式（7-7）、公式（7-8）以及公式（7-9），分别计算得到五大维度以及 14 个指标的影响度和被影响度、中心度和原因度，如表 7-7 所示。

表 7-7　各维度和指标的影响度、被影响度、中心度和原因度

维度和指标	影响度（d_j）	被影响度（r_i）	中心度（d_j+r_i）	原因度（d_j-r_i）
A 内部环境	2.387	2.154	4.540	0.233
A1 控制股东制衡的失效	1.197	1.353	2.550	-0.156
A2 董事会制衡与科学决策失效	1.299	1.193	2.492	0.107
A3 管理层道德败坏、制衡失效	1.385	1.336	2.721	0.050
B 风险评估	2.547	2.334	4.881	0.213
B1 公司总体风险的评估缺失	0.956	0.931	1.888	0.025
B2 经营和财务风险的评估缺失	1.004	1.029	2.033	-0.025
C 控制活动	2.093	2.274	4.368	-0.181
C1 资金管理控制活动失效	1.602	1.755	3.357	-0.152
C2 会计核算与实物控制失效	1.853	1.530	3.382	0.323
C3 资产减值不规范	1.557	1.598	3.155	-0.041
C4 违规担保	1.409	1.539	2.948	-0.129
D 信息与沟通	2.308	2.277	4.584	0.031
D1 信息与沟通的及时性缺失	1.368	1.276	2.644	0.092
D2 信息与沟通的完整性缺失	1.326	1.319	2.644	0.007
D3 信息与沟通的真实准确性缺失	1.263	1.362	2.625	-0.099
E 内部监督	2.250	2.546	4.796	-0.295
E1 监事会没有或无法尽其应尽的职责	0.977	0.873	1.850	0.105
E2 内部审计部门缺失、能力堪忧	0.903	1.008	1.911	-0.105

5. 绘制笛卡尔坐标系

将中心度 d_j+r_i 作为横轴，原因度 d_j-r_i 作为纵轴，标出各指标在坐标系上的位置（d_j+r_i, d_j-r_i），分析各个风险的重要性，即获得 DEMATEL 网络关系图，是表示其中某个指标与其他指标相互影响的关系图。如图 7-2 和图 7-3 所示：

第七章
我国上市公司财务报告内部控制失效评价指标体系：基于案例的特征总结

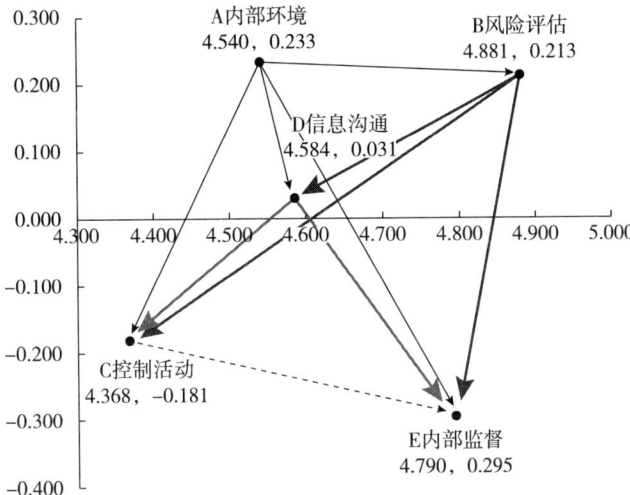

图 7-2　上市公司财务报告内部控制失效评价的五大要素维度的网络关系

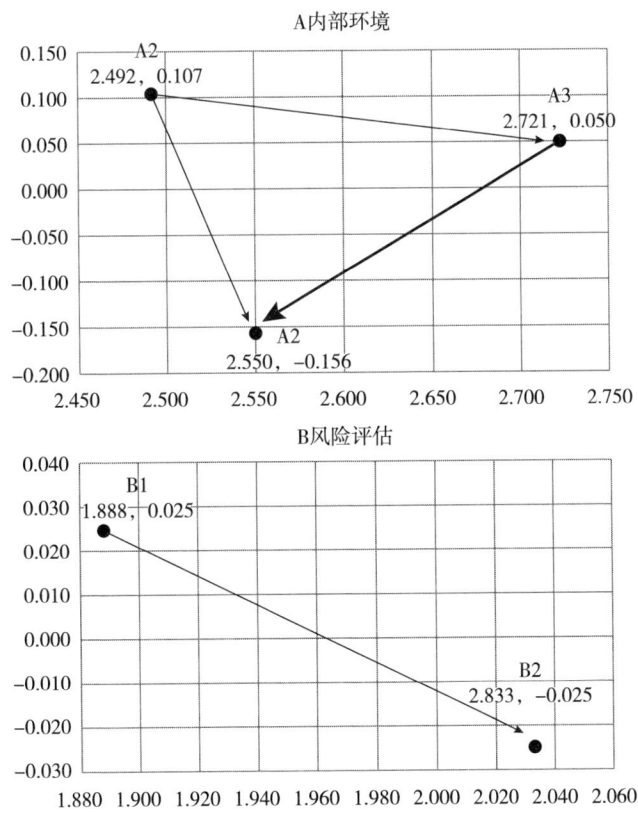

图 7-3　上市公司财务报告内部控制失效评价各维度指标间的网络关系

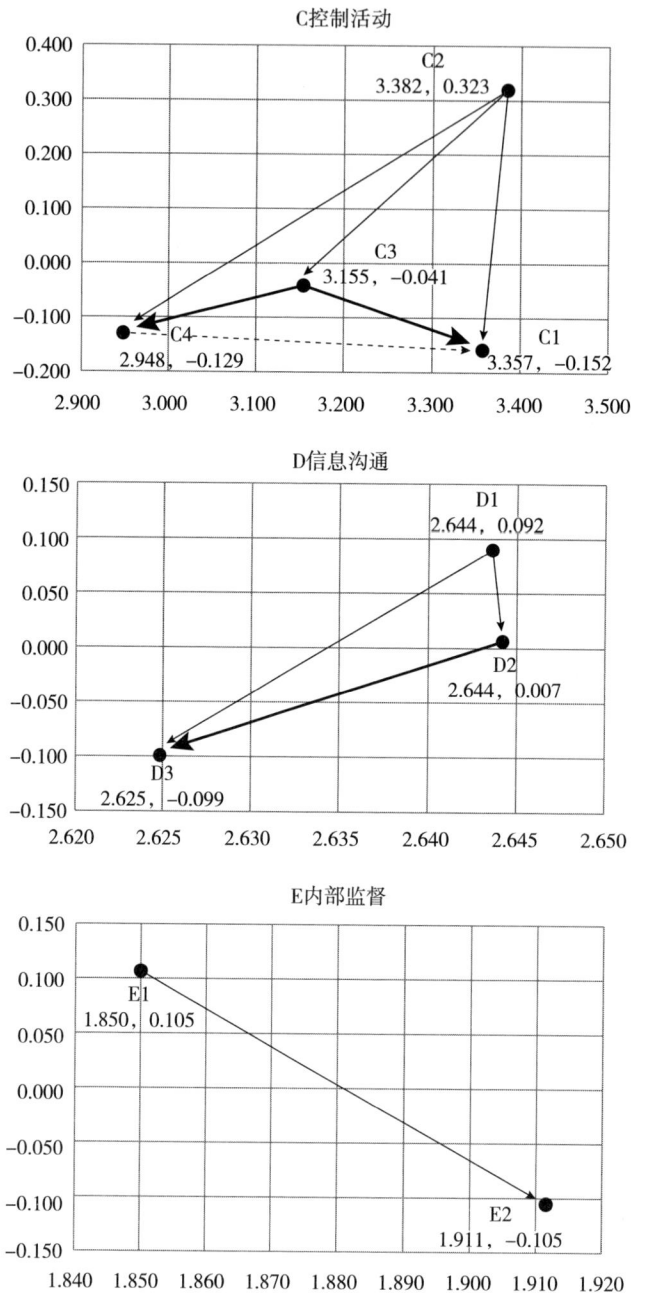

图7-3 上市公司财务报告内部控制失效评价各维度指标间的网络关系（续）

（二）数据结果的简要分析

1. 上市公司财务报告内部控制失效评价体系中的五大要素维度之间的网络关系

根据表 7-7 和图 7-2 所示，在内控五大要素维度上，"A 内部环境"和"B 风险评估"对其他三个维度的影响程度最大，是两大主要的动因性维度；而"C 控制活动"、"D 信息沟通"和"E 内部监督"则是主要的结果性维度，尤其是"C 控制活动"和"E 内部监督"会明显受到两大动因性维度的影响而发生变化。

2. 上市公司财务报告内部控制失效评价体系中的各指标之间的网络关系

根据表 7-7 和图 7-3 所示，在 14 个指标中，"A2 董事会制衡与科学决策失效"、"A3 管理层道德败坏、制衡失效"、"B1 公司总体风险的评估缺失"、"C2 会计核算与实物控制失效"、"D1 信息与沟通的及时性缺失"、"D2 信息与沟通的完整性缺失"和"E1 监事会没有或无法尽其应尽的职责"是主要的动因性指标，而其他指标则是结果性指标。从指标重要性评价的角度来说，在原因度方面排在前列的，是影响上市公司财务报告内部控制失效的关键影响指标，所以，在上面七个动因性指标是首要控制的关键影响指标。也就是说，如果要避免上市公司财务报告内部控制失效，管理层要重点在以上七个方面加强内部控制制度建设和执行效率效果的保障。

参考文献

（一）公司年报与公告

[1] 华锐风电科技（集团）股份有限公司2010-2016年报，www.cninfo.com.cn。

[2] 华锐风电科技（集团）股份有限公司2010-2016年度内部控制审计报告，www.cninfo.com.cn。

[3] 华锐风电科技（集团）股份有限公司2010-2016年度内部控制自我评价报告，www.cninfo.com.cn。

[4] 中国证券监督委员会，中国证监会行政处罚决定书（华锐风电科技（集团）股份有限公司、韩俊良、陶刚等15名责任人员）〔2015〕66号，http：//www.csrc.gov.cn/pub/zjhpublic/G00306212/201512/t20151217_288197.htm。

[5] 康美药业股份有限公司2015~2019年报，www.cninfo.com.cn。

[6] 康美药业股份有限公司2015~2019年度内部控制审计报告，www.cninfo.com.cn。

[7] 康美药业股份有限公司2015~2019年度内部控制自我评价报告，www.cninfo.com.cn。

[8] 中国证券监督委员会，中国证监会行政处罚决定书（康美药业股份有限公司、马兴田、许冬瑾等22名责任人员）（〔2020〕24号），http：//www.csrc.gov.cn/zjhpublic/G00306212/202005/t20200515_376440.htm。

[9] 山东天业恒基股份有限公司2014~2018年报，www.cninfo.com.cn。

[10] 山东天业恒基股份有限公司2014~2018年度内部控制审计报告，www.cninfo.com.cn。

[11] 山东天业恒基股份有限公司2014~2018年度内部控制自我评价报

告，www.cninfo.com.cn。

［12］中国证券监督委员会，中国证监会行政处罚决定书（天业股份、曾昭秦、王永文等22名责任人员）（〔2019〕109号），http：//www.csrc.gov.cn/pub/zjhpublic/G00306212/201911/t20191111_365806.htm。

［13］振兴生化股份有限公司2012~2016年报，www.cninfo.com.cn。

［14］振兴生化股份有限公司2012~2016年度内部控制审计报告，www.cninfo.com.cn。

［15］振兴生化股份有限公司2012~2016年度内部控制自我评价报告，www.cninfo.com.cn。

［16］中国证券监督委员会，中国证监会行政处罚决定书（振兴生化股份有限公司、史跃武、原建民等11名责任人）（〔2014〕104号），http：//www.csrc.gov.cn/pub/zjhpublic/G00306212/201504/t20150403_274636.htm。

［17］海南亚太实业发展股份有限公司2010~2016年报，www.cninfo.com.cn。

［18］海南亚太实业发展股份有限公司2010~2016年度内部控制审计报告，www.cninfo.com.cn。

［19］海南亚太实业发展股份有限公司2010~2016年度内部控制自我评价报告，www.cninfo.com.cn。

［20］中国证券监督委员会，中国证监会行政处罚决定书（海南亚太实业发展股份有限公司、梁德根、龚成辉等24名责任人员）（〔2016〕12号），http：//www.csrc.gov.cn/pub/zjhpublic/G00306212/201604/t20160405_295346.htm。

［21］凯迪生态环境科技股份有限公司2014~2019年报，www.cninfo.com.cn。

［22］凯迪生态环境科技股份有限公司2014~2019年度内部控制审计报告，www.cninfo.com.cn。

［23］凯迪生态环境科技股份有限公司2014~2019年度内部控制自我评价报告，www.cninfo.com.cn。

［24］中国证券监督委员会，中国证监会行政处罚决定书（凯迪生态环境科技股份有限公司、陈义龙等16名责任人员）（〔2020〕19号），http：//www.csrc.gov.cn/zjhpublic/G00306212/202006/t20200618_378405.htm。

[25] 康得新复合材料集团股份有限公司 2015~2019 年报，www.cninfo.com.cn。

[26] 康得新复合材料集团股份有限公司 2015~2019 年度内部控制审计报告，www.cninfo.com.cn。

[27] 康得新复合材料集团股份有限公司 2015~2019 年度内部控制自我评价报告，www.cninfo.com.cn。

[28] 中国证券监督委员会，中国证监会行政处罚决定书（康得新、钟玉等 13 人）（〔2020〕71 号），http://www.csrc.gov.cn/pub/zjhpublic/G00306212/202009/t20200928_383746.htm。

[29] 深圳海联讯科技股份有限公司 2008~2014 年报，www.cninfo.com.cn。

[30] 深圳海联讯科技股份有限公司 2008~2014 年度内部控制审计报告，www.cninfo.com.cn。

[31] 深圳海联讯科技股份有限公司 2008~2014 年度内部控制自我评价报告，www.cninfo.com.cn。

[32] 中国证券监督委员会，中国证监会行政处罚决定书（深圳海联讯科技股份有限公司、章锋、邢文飚等 18 名责任人）（〔2014〕94 号），http://www.csrc.gov.cn/pub/zjhpublic/G00306212/201412/t20141215_265057.htm。

[33] 金亚科技股份有限公司 2013~2018 年报，www.cninfo.com.cn。

[34] 金亚科技股份有限公司 2013~2018 年度内部控制审计报告，www.cninfo.com.cn。

[35] 金亚科技股份有限公司 2013~2018 年度内部控制自我评价报告，www.cninfo.com.cn。

[36] 中国证券监督委员会，中国证监会行政处罚决定书（金亚科技股份有限公司、周旭辉、张法德等 17 名责任人员）〔2018〕10 号，http://www.csrc.gov.cn/pub/zjhpublic/G00306212/201803/t20180309_334978.htm。

（二）相关规则制度

[1] 国家建筑材料工业局．建材工业系统内部审计工作规定［Z］．1990-08-26.

[2] 化学工业部．化学工业内部审计工作规定［Z］．1990-10-15.

［3］财政部. 中华人民共和国外商投资企业财务管理规定［Z］. 1992-06-24.

［4］煤炭工业部. 加强煤炭行业审计工作的若干规定［Z］. 1994-01-20.

［5］电力工业部. 电力工业部关于加强审计工作的若干意见［Z］. 1994-01-26.

［6］财政部. 国有林场与苗圃财务制度（暂行）［Z］. 1994-11-23.

［7］财政部. 国有林场与苗圃会计制度［Z］. 1994-11-23.

［8］财政部. 国有农牧渔良种场财务制度（暂行）［Z］. 1994-11-23.

［9］财政部. 国有农牧渔良种场会计制度［Z］. 1994-11-23.

［10］中国注册会计师协会. 独立审计具体准则第9号——内部控制与审计风险［Z］. 1997-01-01.

［11］中国人民银行. 中国人民银行关于进一步完善和加强金融机构内部控制建设的若干意见［Z］. 1997-12-30.

［12］煤炭工业部. 煤炭企业内部控制审计实施办法［Z］. 1998-02-18.

［13］中国保险监督管理委员会. 保险公司内部控制制度建设指导原则［Z］. 1999-08-05.

［14］中国证券监督委员会. 公开发行证券公司信息披露编报规则第1号——商业银行招股说明书内容与格式特别规定［Z］. 2000-11-02.

［15］中国证券监督委员会. 公开发行证券公司信息披露编报规则第3号——保险公司招股说明书内容与格式特别规定［Z］. 2000-11-02.

［16］中国证券监督委员会. 公开发行证券公司信息披露编报规则第5号——证券公司招股说明书内容与格式特别规定［Z］. 2000-11-02.

［17］中国证券监督委员会. 公开发行证券公司信息披露编报规则第7号——商业银行年度报告内容与格式特别规定［Z］. 2000-12-21.

［18］中国证券监督委员会. 公开发行证券公司信息披露编报规则第8号——证券公司年度报告内容与格式特别规定［Z］. 2000-12-21.

［19］中国证券监督委员会. 公开发行证券的公司信息披露内容与格式准则第1号——招股说明书［Z］. 2001-03-15.

［20］中国证券监督委员会. 公开发行证券的公司信息披露内容与格式

准则第 11 号——上市公司发行新股招股说明书 [Z]. 2001-04-10.

[21] 中国证券监督委员会. 公开发行证券公司信息披露内容与格式准则第 2 号——年度报告的内容与格式（2001 年修订）[Z]. 2001-12-10.

[22] 中国注册会计师协会. 内部控制审核指导意见 [Z]. 2002-02-09.

[23] 中国证券监督委员会. 公开发行证券的公司信息披露内容与格式准则第 1 号——招股说明书（2003 年修订版）[Z]. 2003-03-24.

[24] 国务院. 关于提高上市公司质量意见 [Z]. 2005-10-19.

[25] 中国证券监督委员会. 公开发行证券的公司信息披露内容与格式准则第 11 号——上市公司发行新股招股说明书（2006 年修订版）[Z]. 2006-05-08.

[26] 中国证券监督委员会. 首次公开发行股票并上市管理办法 [Z]. 2006-05-17.

[27] 中国证券监督委员会. 公开发行证券的公司信息披露内容与格式准则第 1 号——招股说明书（2006 年修订版）[Z]. 2006-05-18.

[28] 上海证券交易所. 上海证券交易所上市公司内部控制指引 [Z]. 2006-06-05.

[29] 中国证券监督委员会. 公开发行证券公司信息披露内容与格式准则第 2 号——年度报告的内容与格式（2007 年修订）[Z]. 2007-12-17.

[30] 财政部，证监会，审计署，银监会，保监会. 企业内部控制基本规范 [Z]. 2008-06-28.

[31] 深圳证券交易所. 深圳证券交易所创业板上市公司规范运作指引 [Z]. 2009-10-15.

[32] 深圳证券交易所. 深圳证券交易所主板上市公司规范运作指引 [Z]. 深圳证券交易所中小企业板上市公司规范运作指引 [Z]. 2010-07-28.

[33] 财政部. 中国注册会计师审计准则第 1152 号——向治理层和管理层通报内部控制缺陷（2010 年修订）[Z]. 2010-11-01.

[34] 财政部. 企业内部控制规范体系实施中相关问题解释第 1 号 [Z]. 2012-02-23.

[35] 国资委，财政部. 关于加快构建中央企业内部控制体系有关事项的通知 [Z]. 2012-05-07.

[36] 财政部，中国证券监督委员会. 关于 2012 年主板上市公司分类

分批实施企业内部控制规范体系的通知［Z］. 2012-08-14.

［37］中国证券监督委员会. 公开发行证券公司信息披露内容与格式准则第 2 号——年度报告的内容与格式（2012 年修订）［Z］. 2012-09-19.

［38］财政部. 企业内部控制规范体系实施中相关问题解释第 2 号［Z］. 2012-09-24.

［39］中国证券监督委员会, 财政部. 公开发行证券的公司信息披露编报规则第 21 号——年度内部控制评价报告的一般规定［Z］. 2014-01-03.

［40］中国保险监督委员会. 保险资金运用内部控制指引［Z］. 2015-12-07.

［41］中国基金业协会. 私募投资基金管理人内部控制指引［Z］. 2016-02-01.

［42］中国证券监督委员会. 证券公司投资银行类业务内部控制指引［Z］. 2018-03-23.

［43］国资委. 关于加强中央企业内部控制体系建设与监督工作的实施意见［Z］. 2019-10-19.

（三）研究文献

［1］Abarbanell J, Lehavy R. Can Stock Recommendations Predict Earnings Management and Analysts' Earnings Forecast Errors?［J］. Working Paper, University of Northern Carolina, 2000.

［2］Abbott L J, Parker S, GF Peters G F. Audit Committee Characteristics and Financial Misstatement: A Study of the Efficacy of Certain Blue Ribbon Committee Recommendations［J］. SSRN Electronic Journal, 2002, 23 (26): 69-87.

［3］Anh T, Thi L, Quang H, et al. Factors Influencing the Effectiveness of Internal Control in cement manufacturing companies［J］. Management Science Letters, 2020, 10 (1): 133-142.

［4］Ashbaugh-Skaife H, Collins D W, Kinney Jr W R. The Discovery and Reporting of Internal Control Deficiencies Prior to SOX-mandated Audits［J］. Journal of Accounting and Economics, 2007, 44 (1-2): 166-192.

［5］Beasley M. An Empirical Analysis of the Relation Between the Board of Director Composition and Financial Statement Fraud［J］. The Accounting Review

1996, 71 (4): 443-465.

[6] Beneish M D. The Detection of Earnings Manipulation [J]. Financial Analysts Journal, September/October, 1999, 55 (5): 24-36.

[7] Bryan S H, Lilien S B. Characteristics of Firms with Material Weaknesses in Internal Control: An Assessment of Section 404 of Sarbanes Oxley [R]. Available at SSRN 682363, 2005.

[8] Burgstahler D, Eames M. Management of Earnings and Analysts' Forecasts [Z]. Working Paper, University of Washington, Seattle, WA, 1998.

[9] Cahan S F. The Effect of Antitrust Investigations on Discretionary Accruals: A Refined Test of the Political-cost Hypothesis [J]. The Accounting Review, 1992 (67): 77-95.

[10] Chen F-H. Application of a Hybrid Dynamic MCDM to Explore the Key Factors for the Internal Control of Procurement Circulation [J]. International Journal of Production Research, 2015, 53 (10): 2951-2969.

[11] Chen Y, Knechel W R, Marisetty V B, et al. Board Independence and Internal Control Weakness: Evidence from SOX 404 Disclosures [J]. Auditing: A Journal of Practice & Theory, 2017, 36 (2): 45-62.

[12] Choi J H, Choi S, Hogan C E, et al. The Effect of Human Resource Investment in Internal Control on the Disclosure of Internal Control Weaknesses [J]. Auditing: A Journal of Practice & Theory, 2013, 32 (4): 169-199.

[13] Dechow P M, Sloan R G, Sweeney A P. Causes and Consequences of Earnings Misstatement: An Analysis of Firms Subject to Enforcement Actions by the SEC [J]. Contemporary Accounting Research, 1996, 13 (1): 1-36.

[14] DeFond M, Jiambalvo J. Debt Covenant Violation and Manipulation of Accruals: Accounting Choice in Troubled Companies [J]. Journal of Accounting and Economics, 1994, 17 (January): 145-176.

[15] Deng D, Wen S, Chen F-H, and Lin S-L. A Hybrid Multiple Criteria Decision Making Model of Sustainability Performance Evaluation for Chinese Taiwanese Certified Public Accountant Firms [J]. Journal of Cleaner Production, 2018 (180): 603-616.

[16] DeZoort F T. AnInvestigation of Audit Committees Oversight Responsi-

bilities [J]. Abacus, 1997, 33 (2): 8-27.

[17] Doyle J, Ge W, McVay S. Determinants of Weaknesses in Internal Control over Financial Reporting [J]. Journal of Accounting and Economics, 2007, 44 (1-2): 193-223.

[18] Doyle J T, Ge W, McVay S. Accruals Quality and Internal Control over Financial Reporting [J]. The Accounting Review, 2007, 82 (5): 1141-1170.

[19] Dwright D W. Evidence on the Relation Between Corporate Governance Characteristics and the Quality of Financial Reporting [R]. Working Paper, 1996.

[20] Fama J. Separation of Ownership and Control [J]. Journal of Law and Economies, 1990, 2 (1): 68-112.

[21] Gabus A, Fontela E. World Problems, an Invitation to Further Thought within the Framework of DEMATEL [R]. Switzerland, Geneva: Battelle Geneva Research Centre, 1972.

[22] Gabus A, Fontela E. Perceptions of the World Problematique: Communication Procedure, Communicating with Those Bearing Collective Responsibility (DEMATEL report no. 1) [R]. Switzerland Geneva: Battelle Geneva Research Centre, 1973.

[23] Ge W, McVay S. The Disclosure of Material Weaknesses in Internal Control after the Sarbanes-Oxley Act [J]. Accounting Horizons, 2005, 19 (3): 137-158.

[24] Goyal V K, Rark C W. Board Leadership Structure and CEO Turnover [J]. Journal of Corporate Finance, 2002 (8): 49-66.

[25] Healy P M. The Effect of Bonus Schemes on Accounting Decisions [J]. Journal of Accounting and Economics, 1985, 7 (1-3): 85-112.

[26] Holthausen R, Larcker D, Sloan R. Business Unit Innovation and the Structure of Executive Compensation [J]. Journal of Accounting and Economics, 1995 (19): 279-313.

[27] Hsu C W, Kuo T C, Chen S H, Hu A H. Using DEMATEL to Develop a Carbon Management Model of Supplier Selection in Green Supply Chain Management [J]. Journal of Cleaner Production, 2013 (56): 164-172.

[28] Indriasih D, Koeswayo P S. The Effect of Government Apparatus Com-

petence and the Effectiveness of Government Internal Control toward the Quality of Financial Reporting in Local Goverment [J]. Research Journal of Finance and Accounting, 2014, 5 (20): 38-47.

[29] Kasznik R. On the Association between Voluntary Disclosure and Earnings Management [J]. Journal of Accounting Research, 1999, 37 (1): 57-81.

[30] Krishnan G V, Visvanathan G. Reporting Internal Control Deficiencies in the Post-Sarbanes-Oxley Era: The Role of Auditors and Corporate Governance [J]. International Journal of Auditing, 2007, 11 (2): 73-90.

[31] Krishnan J. Audit Committee Quality and Internal Control: An Empirical Analysis [J]. The Accounting Review, 2005 (3): 649-675.

[32] La Porta et al. Corporate Ownership around the World [J]. Journal of Finance, 1999 (54): 471-517.

[33] La Porta R, De Silanes F L, Shleifer A, et al. Investor Protection and Corporate Valuation [J]. The Journal of Finance, 2002, 57 (3): 1147-1170.

[34] Lashgari Z, Gawradar A. Internal Control Weakness and Accruals Quality in Companies Listed on Tehran Stock Exchange [J]. Procedia-Social and Behavioral Sciences, 2015 (207): 454-461.

[35] Lee J E. Internal Control Deficiencies and Audit Pricing: Evidence from Initial Public Offerings [J]. Accounting & Finance, 2018, 58 (4): 1201-1229.

[36] Lee T A, Ingram R W, Howard T P. The Difference between Earnings and Operating Cash Flow as an Indicator of Financial Reporting Fraud [J]. Contemporary Accounting Research 2010, 16 (4): 749-786.

[37] Leone A J. Factors Related to Internal Control Disclosure: A Discussion of Ashbaugh, Collins, and Kinney (2007) and Doyle, Ge, and McVay (2007) [J]. Journal of Accounting and Economics, 2007, 44 (1-2): 224-237.

[38] McConnell J J, Servaes H. Additional Evidence on Equity Ownership and Corporate Value [J]. Journal of Financial Economics, 1990 (27): 595-612.

[39] Michelon G, Beretta S E, Bozzolan S. Disclosure on Internal Control Systems as Substitute of Alternative Governance Mechanisms [R]. Available at SSRN 1316323, 2009.

[40] Morris J J. The Impact of Enterprise Resource Planning (ERP) Sys-

tems on the Effectiveness of Internal Controls over Financial Reporting [J]. Journal of Information Systems, 2011, 25 (1): 129-157.

[41] Myers S. Determinants of Corporate Borrowing [J]. Journal of Financial Economics, 1977 (5): 147-175.

[42] Park Y J, Matkin D S T, Marlowe J. Internal Control Deficiencies and Municipal Borrowing Costs [J]. Public Budgeting & Finance, 2017, 37 (1): 88-111.

[43] Peng K H, Tzeng G H. A Hybrid Dynamic MADM Model for Problem-improvement in Economics and Business [J]. Technological and Economic Development of Economy, 2013, 19 (4): 638-660.

[44] Petrovits C, Shakespeare C, Shih A. The Causes and Consequences of Internal Control Problems in Nonprofit Organizations [J]. The Accounting Review, 2011, 86 (1): 325-357.

[45] Qu M, Guan Y, Liu X, et al. Positive Research on Information Disclosure of Internal Control Defects [C] //International Conference on Advances in Education and Management. Springer, Berlin, Heidelberg, 2011: 448-454. Quality of Financial Reporting www. ssrn. com.

[46] Rice S C, Weber D P. How Effective is Internal Control Reporting under SOX 404? Determinants of the (Non-) Disclosure of Existing Material Weaknesses [J]. Journal of Accounting Research, 2012, 50 (3): 811-843.

[47] Shleifer A, Vishlly T W. A Survey of Corporate Governance [J]. Journal of Finance, 1997 (52): 737-783.

[48] Skaife H A, Collins D W, Kinney Jr W R, et al. The Effect of SOX Internal Control Deficiencies and Their Remediation on Accrual Quality [R]. Available at SSRN 906474, 2007.

[49] Su C M, Horng D J, Tseng M L, Chiu A S, Wu K J, Chen H P. Improving Sustainable Supply Chain Management Using a Novel Hierarchical Grey-DEMATEL Approach [J]. Journal of Cleaner Production, 2016 (134): 469-481.

[50] Summers S L, Sweeney J T. Fraudulently Misstated Financial Statements and Insider Trading: an Empirical Analysis [J]. The Accounting Review,

1998, 73 (1): 131-146.

[51] Sweeney A P. Debt-Covenant Violations and Managers' Accounting Responses [J]. Journal of Accounting and Economics, 1994 (May): 281-308.

[52] Vu H T. The Research of Factors Affecting the Effectiveness of Internal Control Systems in Commercial Banks-empirical: Evidence in Vietnam [J]. International Business Research, 2016, 9 (7): 144.

[53] Zhang Y, Zhou J, Zhou N. Audit Committee Quality, Auditor Independence, and Internal Control Weaknesses [J]. Journal of Accounting and Public Policy, 2007, 26 (3): 300-327.

[54] Zhu B-W. Public Open Space Development for Elderly People by Using the DANP-V Model to Establish Continuous Improvement Strategies towards a Sustainable and Healthy Aging Society [J]. Sustainability, 2017 (9): 1-29.

[55] 鲍雪. 万福生科案例分析 [D]. 昆明：云南大学博士学位论文，2015.

[56] 卞海鋆. 上市公司内部控制案例研究——以康美药业为例 [J]. 现代商贸工业，2020, 41 (16): 110-113.

[57] 蔡丛光. 内部控制缺陷信息披露的影响因素分析 [J]. 财会研究，2010 (4): 33-38.

[58] 陈滴溦. 绿大地财务舞弊案例分析 [D]. 北京：财政部财政科学研究所博士学位论文，2014.

[59] 陈关亭，张少华. 论上市公司内部控制的披露及其审核 [J]. 审计研究，2003 (6): 34-38, 24.

[60] 陈静修. 万福生科财务造假案例分析 [J]. 审计与理财，2016 (6): 7-9.

[61] 陈艳，王艳红. 浅议山东天业恒基内部控制审计否定意见报告及其启示 [J]. 现代审计与会计，2020 (8): 20-23.

[62] 陈叶韵. 注册会计师审计失败问题探讨 [D]. 南昌：江西财经大学博士学位论文，2016.

[63] 程晓陵，王怀明. 公司治理结构对内部控制有效性的影响 [J]. 审计研究，2008 (4): 53-61.

[64] 仇莹. 财务报告内部控制评价模型及在我国应用面临的挑战

[J]. 战略决策研究, 2005, 4 (4): 16-19.

[65] 储成兵. 金字塔股权结构对内部控制有效性的影响——基于上市公司的经验数据 [J]. 中央财经大学学报, 2013 (3): 78-83.

[66] 单紫薇. 绿大地财务舞弊案例研究 [D]. 长春: 吉林财经大学博士学位论文, 2017.

[67] 刁琰. 我国上市公司财务舞弊的方式、动因及治理研究 [D]. 成都: 西南财经大学博士学位论文, 2014.

[68] 董卉娜, 何芹. 机构投资者持股对内部控制缺陷的影响 [J]. 山西财经大学学报, 2016, 38 (5): 90-100.

[69] 方春生, 王立彦, 林小驰, 林景艺, 冯博. SOX法案、内控制度与财务信息可靠性——基于中国石化第一手数据的调查研究 [J]. 审计研究, 2008 (1): 45-52.

[70] 冯均科, 侯玮, 马晨. 独立董事团队异质性对企业内部控制缺陷披露质量的影响 [J]. 商业研究, 2017 (9): 127-134.

[71] 高艳艳. 万福生科财务造假案例研究 [D]. 兰州: 兰州大学博士学位论文, 2014.

[72] 葛家澍, 黄世忠. 安然事件的反思: 对安然公司会计审计问题的剖析 [J]. 会计研究, 2002 (2): 3-11, 65.

[73] 郭燕. 农业类上市公司财务造假问题研究 [D]. 北京: 首都经济贸易大学博士学位论文, 2018.

[74] 郭迎亚. 绿大地公司财务舞弊案例研究 [D]. 北京: 财政部财政科学研究所博士学位论文, 2015.

[75] 韩丽荣, 盛金. 自愿性披露时期内部控制缺陷影响因素的实证分析——以我国制造业A股上市公司样本为例 [J]. 吉林大学社会科学学报, 2013, 53 (1): 132-140.

[76] 何亚伟, 徐虹. 非整合审计可以提高盈余质量吗？——来自PSM的新证据 [J]. 南京审计大学学报, 2020, 17 (2): 22-31.

[77] 胡明霞, 马茜群, 乔茜. 基于舞弊三角理论的康得新舞弊案探析 [J]. 财务与会计, 2020 (6): 58-61.

[78] 胡鹏林. 基于《企业内部控制基本规范》的獐子岛内控环境问题研究 [D]. 北京: 北京交通大学博士学位论文, 2019.

[79] 胡婷. 康得新债券违约案例研究 [D]. 沈阳：辽宁大学博士学位论文，2020.

[80] 居明瑶. "绿大地"公司会计信息披露违规案例研究 [D]. 长春：吉林财经大学博士学位论文，2015.

[81] 李虹，王瑞珂，许宁宁. 管理层认知对披露内部控制缺陷决策的影响——基于管理层认知偏差概念模型分析 [J]. 企业经济，2017，36（11）：89-95.

[82] 李砾. "绿大地"内部审计质量控制问题探讨 [D]. 南昌：江西财经大学博士学位论文，2018.

[83] 李璐. 万福生科财务造假案件中内部控制问题研究 [D]. 沈阳：辽宁大学博士学位论文，2014.

[84] 李爽. 会计信息失真的现状、成因与对策研究——会计报表粉饰问题研究 [M]. 北京：经济科学出版社，2002.

[85] 李伟，滕云. 企业社会责任与内部控制有效性关系研究 [J]. 财经问题研究，2015（8）：105-109.

[86] 李阳春. 基于内部控制五要素的金亚科技财务舞弊研究 [J]. 中国乡镇企业会计，2018（5）：222-223.

[87] 李玉环. 内部控制中的风险评估 [J]. 会计之友（上旬刊），2008（10）：10-11.

[88] 李育红，秦江萍. 终极控制人对内部控制有效性的影响——基于中国深市上市公司的一项实证研究 [J]. 新疆大学学报（哲学·人文社会科学版），2010，38（5）：17-21.

[89] 李育红. 公司治理结构与内部控制有效性——基于中国沪市上市公司的实证研究 [J]. 财经科学，2011（2）：69-75.

[90] 李育红. 上市公司内部控制缺陷披露的影响因素的实证分析 [J]. 财会通讯，2010（36）：86-87，91.

[91] 李越冬，严青. 机构持股、终极产权与内部控制缺陷 [J]. 会计研究，2017（5）：83-89，97.

[92] 林野萌，韩传模. 上市公司内部控制缺陷形成诱因研究——基于沪市上市公司的经验证据 [J]. 现代财经（天津财经大学学报），2013，33（7）：83-95.

[93] 刘娇,龚凤兰."万福生科"财务造假案例研究.财会月刊,2013(17):54-56.

[94] 刘万富.云南绿大地生物科技股份有限公司恶意盈余管理研究[D].衡阳:南华大学博士学位论文,2014.

[95] 刘夏炎.万福生科财务造假案例研究[J].现代商贸工业,2018,39(26):84-85.

[96] 刘亚莉,马晓燕,胡志颖.上市公司内部控制缺陷的披露:基于治理特征的研究[J].审计与经济研究,2011,26(3):35-43.

[97] 刘玉廷.全面提升企业经营管理水平的重要举措——《企业内部控制配套指引》解读[J].会计研究,2010(5):3-16.

[98] 鲁清仿.内部控制重大缺陷影响因素的实证研究[D].郑州:河南大学博士学位论文,2009.

[99] 陆建桥.中国亏损上市公司盈余管理实证研究[D].会计研究,1999(9):25-35.

[100] 吕长江,肖成民.民营上市公司所有权安排与掏空行为——基于阳光集团的案例研究[J].管理世界,2006(10):128-138.

[101] 马欣.康得新集团大股东掏空行为案例研究[D].长春:吉林大学博士学位论文,2020.

[102] [美]迈克尔·坎吉姆,汤密·辛格顿.管理审计职能[M].李海风,李媛媛译.北京:清华大学出版社,2004.

[103] 孟然.绿大地财务造假事件案例分析[D].沈阳:辽宁大学博士学位论文,2013.

[104] 莫冬燕,杨真真,徐浩然.企业生命周期、媒体关注与内部控制有效性[J].财经问题研究,2018(1):108-115.

[105] 倪曾胤.*ST康得新内部控制缺陷问题探析[J].江苏商论,2020(9):112-115.

[106] 聂宇.我国IPO财务造假背景下的证券监管与投资者保护研究[D].北京:北京交通大学博士学位论文,2018.

[107] 齐保垒,田高良.财务报告内部控制缺陷披露影响因素研究——基于深市上市公司的实证分析[J].山西财经大学学报,2010,32(4):114-120.

[108] 乔引花, 游璇. 内部控制有效性与环境信息披露质量关系的实证[J]. 统计与决策, 2015 (23): 166-169.

[109] 宋文华. 上市公司审计失败原因及对策的思考——基于万福生科的审计案例分析[J]. 科技视界, 2014 (1): 306.

[110] 苏珣. 凯迪电力公司内部控制的问题研究[D]. 广州: 广东外语外贸大学博士学位论文, 2017.

[111] 田高良, 齐保垒, 李留闯. 基于财务报告的内部控制缺陷披露影响因素研究[J]. 南开管理评论, 2010, 13 (4): 134-141.

[112] 田蒙蒙. 万福生科财务舞弊案分析及防范策略研究[D]. 西安: 西安理工大学博士学位论文, 2017.

[113] 田雪. 基于财务重述的金亚科技内部控制缺陷研究[D]. 南昌: 南昌大学博士学位论文, 2020.

[114] 田野. 上市公司会计信息披露质量问题及对策研究[D]. 长春: 吉林财经大学博士学位论文, 2015.

[115] 王国海. 经营模式、财务特征与财务舞弊识别——以万福生科为例[J]. 财务与会计, 2014 (10): 27-31.

[116] 王会丽. 绿大地上市公司欺诈案例分析[D]. 兰州: 兰州大学博士学位论文, 2016.

[117] 文志涛, 唐婉虹. 机构投资者对实际控制人"掏空"治理的实证研究[J]. 经济研究导刊, 2010 (9): 42-46.

[118] 吴秋生, 刘沛. 企业文化对内部控制有效性影响的实证研究——基于丹尼森企业文化模型的问卷调查[J]. 经济问题, 2015 (7): 106-114.

[119] 吴瑕. 绿大地财务舞弊问题研究[D]. 沈阳: 辽宁大学博士学位论文, 2015.

[120] 习曼琳. 存在银行的122亿货币资金成谜, ST康得新出了一份假年报? [EB/OL]. 界面新闻, https://baijiahao.baidu.com/s?id=1632298474026484375&wfr=spider&for=pc, 2019-05-01.

[121] 辛金国, 邢莉萍, 开家将. 舞弊审计程序研究[J]. 审计研究, 2004 (4): 60.

[122] 许言, 邓玉婷, 陈钦源等. 高管任期与公司坏消息的隐藏[J]. 金融研究, 2017 (12): 174-190.

［123］许瑜，冯均科，李若昕. CEO 激励、媒体关注与内部控制有效性的关系研究［J］. 审计与经济研究，2017，32（2）：35-45.

［124］闫一石. 管理层能力、内部控制缺陷与融资约束关系的实证研究——基于产权性质和股权激励的调节［J］. 预测，2020，39（4）：24-30.

［125］杨程程，程小可，王芯卉. 内部控制缺陷披露制度有效性及其影响因素［J］. 经济与管理研究，2015，36（10）：138-144.

［126］杨昕怡. 内部控制审计否定意见的案例研究［D］. 武汉：湖北经济学院博士学位论文，2019.

［127］叶蓓. 万福生科财务舞弊案例分析与启示［J］. 当代经济，2013（21）：128-129.

［128］于增彪，王竞达，瞿卫菁. 企业内部控制评价体系的构建——基于亚新科工业技术有限公司的案例研究［J］. 审计研究，2007（3）：47-52.

［129］张霁若，杨金凤. 公司战略对内部控制缺陷信息披露的影响研究［J］. 会计研究，2020（6）：171-180.

［130］张晋侠. 基于风险管理的企业内部控制研究——以獐子岛集团为例［J］. 国际商务财会，2019（10）：43-48，52.

［131］张丽蕊. 基于"舞弊复合三角"理论的财务舞弊案例研究——以康得新为例［J］. 农村经济与科技，2020，31（9）：211-213.

［132］张琼. 绿大地财务报告表外信息披露的质量提升研究［D］. 兰州：兰州大学博士学位论文，2013.

［133］张舒. 浅析农业类公司财务造假手段及成因——以万福生科、绿大地为例［J］. 财会学习，2017（2）：218-219.

［134］张颖，郑洪涛. 我国企业内部控制有效性及其影响因素的调查与分析［J］. 审计研究，2010（1）：75-81.

［135］赵惠芳，汪小丽，张璇. 政府干预对地方国有企业内部控制有效性的影响研究［J］. 江西财经大学学报，2015（2）：41-49.

［136］赵惠芳，向桂玉，张璇. 机构投资者对内部控制有效性的影响［J］. 华东经济管理，2015，29（3）：132-138.

［137］赵天琪. 基于 COSO 五要素对獐子岛内部控制失效案例的分析［J］. 知识经济，2017（8）：107-108.

［138］郑洋. 云南绿大地公司财务舞弊案例分析［D］. 长春：吉林财

经大学博士学位论文，2016.

［139］朱雪媛，赵玮，张庆.康得新缘何堕入"债务陷阱"？——基于大股东利益侵占视角［J］.企业管理，2020（1）：62-65.

［140］庄浩.万福生科财务造假案例研究［D］.长春：辽宁大学博士学位论文，2015.